再平衡背景下产业政策转型研究

魏琪嘉 著

责任编辑：吕　楠
责任校对：孙　蕊
责任印制：丁淮宾

图书在版编目（CIP）数据

再平衡背景下产业政策转型研究／魏琪嘉著．—北京：中国金融出版社，2021.9
ISBN 978-7-5220-1247-6

Ⅰ.①再…　Ⅱ.①魏…　Ⅲ.①产业政策—研究—中国　Ⅳ.①F269.22

中国版本图书馆 CIP 数据核字（2021）第 139492 号

再平衡背景下产业政策转型研究
ZAIPINGHENG BEIJING XIA CHANYE ZHENGCE ZHUANXING YANJIU

出版
发行　中国金融出版社

社址　北京市丰台区益泽路 2 号
市场开发部　（010）66024766，63805472，63439533（传真）
网上书店　www.cfph.cn
　　　　　（010）66024766，63372837（传真）
读者服务部　（010）66070833，62568380
邮编　100071
经销　新华书店
印刷　北京市松源印刷有限公司
尺寸　169 毫米×239 毫米
印张　7.25
字数　115 千
版次　2021 年 9 月第 1 版
印次　2021 年 9 月第 1 次印刷
定价　79.00 元
ISBN 978-7-5220-1247-6
如出现印装错误本社负责调换　联系电话(010)63263947

目 录

第一章 引言：产业政策与国家发展 ··· 1

 第一节 产业政策的概念与分类 ··· 1
 第二节 产业政策的作用 ··· 2
 第三节 本书结构与主要内容 ·· 3

第二章 文献综述：争议下的必然选择 ····································· 5

 第一节 关于产业政策的概念及划分 ·································· 5
 第二节 关于产业政策的合理性与有效性 ························· 6
 第三节 关于产业政策的制定与实施 ································· 9
 第四节 关于国外产业政策评述 ······································· 11
 第五节 我国产业政策评述 ·· 14

第三章 产业政策的理论基础 ··· 17

 第一节 新古典主义经济发展理论对产业政策的影响 ······ 17
 第二节 结构主义发展理论对产业政策的影响 ················ 18
 第三节 动态比较优势理论对产业政策的影响 ················ 19
 第四节 产业结构理论对产业政策的影响 ······················· 20

第四章 国别经验：产业政策的他山之石 ······························· 21

 第一节 美国产业政策 ··· 21
 第二节 日本产业政策 ··· 25
 第三节 欧盟产业政策 ··· 28
 第四节 印度产业政策 ··· 31
 第五节 韩国产业政策 ··· 33

第五章　我国产业政策：总结与回顾 …… 36

第一节　我国产业政策的阶段性特征 …… 39
第二节　我国产业政策的成效评价 …… 44
第三节　几点经验启示 …… 48

第六章　产业政策与竞争政策 …… 51

第一节　竞争政策的主要内容 …… 51
第二节　竞争政策与产业政策的关系 …… 52
第三节　当前实施竞争政策面临的难题 …… 55
第四节　促进产业政策和竞争政策有效协调 …… 56

第七章　再平衡背景下的产业政策：转型方向与目标 …… 58

第一节　产业政策转型的必要性 …… 58
第二节　关于经济再平衡的讨论 …… 60
第三节　与再平衡相关的几组数据 …… 63
第四节　再平衡背景下产业政策转型的理论综述 …… 66
第五节　存在的问题 …… 70
第六节　政策转型要处理好四个关系并找准着力点 …… 71
第七节　产业政策的转型方向 …… 74

第八章　产业政策案例分析之一：煤炭去产能 …… 76

第一节　政策提出的背景 …… 76
第二节　产业政策的着力点 …… 77
第三节　煤炭产业政策评价 …… 80
第四节　煤炭产业政策的启示 …… 82

第九章　产业政策案例分析之二：主体功能区战略 …… 83

第一节　政策提出的背景 …… 83
第二节　产业政策的着力点 …… 86
第三节　主体功能区战略的成功经验 …… 88
第四节　全国主体功能区战略制定启示 …… 89

目 录

第十章 实证分析：产业政策对制造业的影响 … 92
- 第一节 模型设定 … 92
- 第二节 变量说明和数据来源 … 92
- 第三节 实证结果分析 … 93

第十一章 产业政策顺利转型的保障措施 … 97
- 第一节 根据形势变化需要制定中长期产业政策纲要 … 97
- 第二节 创新产业政策机制 … 97
- 第三节 规范政府行政干预 … 98
- 第四节 资金支持 … 98
- 第五节 人才保障 … 99
- 第六节 产权保护 … 99
- 第七节 科技支撑 … 100
- 第八节 价格调整 … 100

第十二章 结论 … 102

参考文献 … 104

第一章 引言：产业政策与国家发展

工业革命以来的经济发展实践表明，产业政策与国家发展是密不可分的，产业政策在不同国家、不同阶段都被不同程度地使用。对于产业政策的必要性、有效性问题，争论一直存在。产业政策支持者认为，政策实施与国家发展密不可分，产业政策有助于国家经济发展，而反对者则认为，产业政策容易扰乱资源配置，不利于市场机制发挥作用。从我国的经济实践来看，具有明确产业指向的政策早在 20 世纪 70 年代末期就开始推行，比如，1979 年年底提出的对轻纺工业发展实行"六个优先"的政策，就是典型的产业政策。在建设社会主义市场经济过程中，产业政策在调配资源、克服市场失灵等方面同样发挥了积极作用，对我国快速推进工业化具有重要意义。在加快构建以国内大循环为主体、国内国际双循环相互促进的新发展格局大背景下，产业政策理应继续发挥作用并根据新形势进行调整、转型，这也是促进经济高质量发展的必然要求。

第一节 产业政策的概念与分类

产业政策是一国政府为了加快经济发展而制定的优先发展重点产业、扶植幼稚产业、限制过剩产业以及纠正市场失败、弥补市场缺陷所制定和实施的一系列经济政策的总称。其实质是国家对经济生活和资源配置的干预[1]。我国对产业政策的定义偏向于更为宽泛的理解，即政府为了实现某种经济和社会目标而制定的有特定产业指向的政策的总和[2]。产业政策包括产业结构政策、产业组织政策、产业技术政策和产业布局政策，以及其他对产业发展有重大影响的政策和法规[3]。

产业结构政策的作用在于优化产业之间以及内部结构。产业组织政策

---

[1] 杨伟民. 建立以产业政策为中心的经济政策体系 [J]. 计划经济研究, 1993.
[2] 江小涓. 经济转轨时期的产业政策 [M]. 上海：格致出版社, 1994.
[3] 《20 世纪 90 年代国家产业政策纲要》, 1994 年 3 月 25 日国务院第 16 次常务会议审议通过。

谋求企业规模结构合理化。产业技术政策则可以理解为技术研发、技术标准、技术改造等支撑政策的组合。产业布局政策则着眼于重大生产力布局调整，以实现产业资源在地理空间上的合理分布。

第二节 产业政策的作用

  各国的经济实践表明，产业政策与国家发展是密不可分的。一些产业政策实施得力的国家，往往经济发展快，在国际竞争中具有优势。产业政策是连接宏观与微观、衔接中央与地方、沟通政府与市场的重要支点。欧美国家在完成工业化过程中，其产业政策的侧重点是为本国工业发展提供保护。几乎所有完成工业化的国家，都推行过对本国工业特别是制造业的保护政策，并且不是对所有产业都一视同仁，而是有选择有重点地支持特定产业。产业政策的成功实施，也是一些新兴国家经济迅速发展的重要经验之一。

  对产业政策，围绕普适性与特殊性的争论一直存在，关于自由主义与干预主义的争议也从未减少。笔者认为，这种学术上的争论有助于更好地总结、审视产业政策的实施效果，对于深化该领域的研究具有巨大的推动作用，有争议是正常的，无可非议的。但从经济增长的实践看，总有一些领域是市场规律不能发生作用的地方，总有一些因素，如果积累到一定程度，足以干扰市场规律发挥作用。特别是一个总量庞大的经济体，除了要有公平、健康的市场机制去保证各类要素遵照经济规律去发挥作用，合理、有度、有力的产业政策也是必需的。任何一种产业政策没有好坏优劣之分，适用于不同情形、不同背景的产业政策在本质上都是中性的。遵循规律，则产业政策事半功倍；违背规律，则产业政策事倍功半。关键和重点是如何用好。好的政策不仅应该要促进竞争，还能够防止垄断损害经济发展，这才是一个好的产业政策应该具有的重要特征。这涉及产业政策和竞争政策的关系，此处不再赘述，将在后续的篇章中进行阐述和论证。总之，针对产业政策的争论不可能单纯地通过讨论来解决，产业政策的有效性终究是要依靠实践的不断积累①。

  审视产业政策，要坚持联系的观点，也就是说，产业政策具有很强的时代背景，看待产业政策不能脱离政策所处的年代。这一原则将贯穿于全

---

① 大野健一. 学会工业化——从给予式增长到价值创造 [M]. 陈经纬, 译. 北京: 中信出版社, 2015.

书。如果用市场经济时代的视角和标准去审视经济转轨时期的产业政策，得出的结论必然是失之偏颇的。我国改革开放后的社会主义经济实践，由于经济背景的不同，产业政策着力点也不同。比如，20世纪80年代中后期，基础产业的供给能力不足与加工工业的供给能力过剩是并存的，第二产业中同一产业内不同企业间资源有效利用程度存在巨大的差异等，当时的产业政策以结构合理化为目标建立政策体系，突出支持重化工业和能源交通基础设施建设。即便以今天的视角看，当时的产业政策在补齐工业发展短板方面也发挥着不可替代的作用，这使得我国的产业政策在经济再平衡的大背景下不断演进、成长。

经过多年的积累，当前我国的要素条件、基础设施配套等都已经实现了重要的质变，虽然这种质变并不完美，但是能消除生产短缺所带来的困扰。经济发展阶段也发生变化，本质上需求结构和生产函数发生重大变化，外部表象则产生了生产体系内部循环不畅和供求脱节等问题，结构转换复杂性加大。与此同时，国际环境也发生了变化，全球化遭遇了前所未有的质疑和否定，民粹主义盛行的程度超乎想象，综合因素对全球经贸规则、产业链、供应链造成了重大冲击。当前，我国正处于系统推进建设现代化经济体系的关键时刻，以更加合理化的产业政策，推动经济发展实现质量的提升，达到要素效率的改进和增长动力的转换，这也是高质量发展的题中之义和必然要求。不可回避的是，当前实现产业政策更多侧重于功能性，更多以鼓励创新、创造公平的市场竞争环境、培育有效的市场竞争结构为重点，其政策抓手和作用机制并不直接[①]。从根本上说，在构建双循环格局实践中，产业政策的转型不仅仅是产业政策内容的变化，而且涉及国家治理体系和治理能力现代化水平的提升，这将是一项任重而道远的任务，更是一项复杂的系统工程。

第三节　本书结构与主要内容

本书研究的核心主旨是，结合笔者有关工作经历和体会，梳理总结亲身经历的不同类型的案例，以我国经济再平衡为背景，探讨我国产业政策转型的思路，并据此提出相关对策建议。除引言外，主要内容有以下九个部分：

①第二章，对产业政策研究领域涉及的学术文献、资料进行归纳梳理和

---

① 黄群慧．工业化后期的中国工业经济［M］．北京：经济管理出版社，2018．

总结。文献综述的目的是对当前产业政策学术研究领域的历史和前沿进行系统回顾，归纳总结相关的观点，了解产业政策领域研究的脉络和最新进展。

②第三章，对产业政策的理论基础进行阐述。研究理论基础，是为了更好地展望未来产业政策的方向。产业政策涉及的理论庞杂，从理论基础上看，有新古典主义理论基础、结构主义的基础、动态比较优势理论基础以及实用主义理论基础，伴随着不同阶段经济理论及产业政策的成长，人们对产业政策的理论基础也有了更深的认知。

③第四章，对其他国家推行产业政策的经验进行简要的叙述和分析，通过总结典型国家产业政策实施的经验并提炼相关启示，进一步了解历史、文化、发展阶段等因素对各国产业政策及其实际效果差异的影响。产业政策是与国家、民族的文化传统相联系的，不同国家信奉的政治哲学、文化传统等成为影响政策制定的重要因素，也是理解产业政策逻辑和内涵的重要窗口。

④第五章，对我国产业政策的回顾与总结。分析四个历史阶段下我国产业政策的变化情况，总结我国产业政策产生的积极作用和面临的问题，并提出明确政策目标、厘清政策边界、找准政策着力点以及坚持问题导向四个经验启示，为今后制定产业政策提供参考。

⑤第六章，专题分析产业政策和竞争政策的关系。从总体上看，竞争政策和产业政策是一国经济政策体系的重要组成部分，二者既存在着一致性，相互补充、相互配合，也存在着矛盾和冲突，相互排斥。当前学术界研究产业政策，已经从对传统产业政策分析过渡到侧重研究产业政策和竞争政策的关系问题。从更长远的视角看，找到产业政策和竞争政策的结合点，是最佳选择。研究产业政策与竞争政策的关系，以此更好地对产业政策进行优化，已经成为学术界研究的一个热点、重点。

⑥第七章，围绕我国在促进经济再平衡的实践，就如何实施产业政策进行讨论。分析产业政策转型的背景，需要处理的关系，提出产业政策转型的思路和着力点。

⑦第八、九章，案例和数据分析部分，主要对煤炭去产能、主体功能区战略进行案例分析，总结经验并提炼相关启示。

⑧第十章，实证部分，运用OLS等计量模型分析产业政策对制造业的影响程度并得出相应的结论。

⑨第十一章和第十二章，结合前面内容的研究，提出相关政策建议，包括政策转型的原则和具体路径。

第二章 文献综述：争议下的必然选择

当前，中国经济再平衡，其本质是要校正我们长期习惯的经济增长模式，进而实现增长动力的顺利转型。以产业政策为代表的结构性政策是政府进行宏观调控、干预经济的重要形式，具有资源引导功能和信息发现与传递功能，在促进经济转型升级中发挥着极大作用。世界范围内，不论各国承认与否，普遍运用产业政策，但效果却不一样，且评论不一。基于此，梳理产业政策研究领域的前期结论，进一步总结梳理研究的脉络特别是理论观点的不同，对我们回顾和总结产业政策，为产业政策合理化提出意见建议具有重要意义。

第一节 关于产业政策的概念及划分

目前，对产业政策概念还没有形成定论，现有的大部分文献主要从某一项产业政策的功能出发对产业政策进行定义。Dervis 和 Page（1984）对产业政策的定义是，产业政策是一系列旨在推动工业迅速发展并大幅提高工业部门占国民经济比重的支持政策组合。杨伟民（1993）认为产业政策是一国政府为了促进经济发展而制定的优先发展重点产业、扶植幼稚产业、限制过剩产业以及纠正市场失败、弥补市场缺陷所制定和实施的一系列经济政策的总称，实质是国家对经济生活和资源配置的干预，具有赶超性、指导性和诱导性。刘鹤和杨伟民（1991）提出产业政策体系包括产业结构政策、产业组织政策、产业技术政策和产业布局政策。Weiss（2013）认为，产业政策是政府部门为了实现资源引导而对某一具体产业施加政策干预的所有措施集合。周叔莲等（2008）则认为，产业政策的主要作用是调动私人部门的积极性，通过企业的创业活动向市场传递正确的信息，政府在其中所发挥的作用则类似于大型跨国公司的战略管理部门。国内外研究者对产业政策的研究现状表明，学术界对产业政策的研究和理解直接反映了，无论是何种产业政策，其自身服务于一个国家或地区做大本国或本地区经济总量的客观需要。在这样的前提下，又对具体的功能进行了划分，比如，帮助经济实现结构调整，侧重于弥补市场缺陷，承担向市场释放正确信号的诸多功能等。吴小节（2020）使用系统性文献回顾方法分析了1979—2018年经济管理类10本顶级期刊的145篇文献，并基于2W1H知识框架，系统总结了产业政策研究现状，研究结果表明：对于产业政策的定义，已有的产业政策从狭义与广义两个角度进行理解，并有"选择性与功能性"和"水平型与垂直型"两大分类体系，包含了财政、金融、土地、公共服务、人才五类政策工具。

也有些学者基于不同维度对产业政策类型和分类作出讨论。虽然学者划分出来的结果不尽一致，但都对我们理解产业政策的内涵、外延以及适用范围具有关联启示意义。王慧炯等（1990）认为，从政策的适用对象和应用范围看，产业政策可以是专门针对某一个特定行业的，也可以是普惠型的。苏东水（2000）从组织、结构、布局、技术四个维度划分产业政策类型。周叔莲等（2008）则以政策最终所要达到的目标为参照物，将产业政策分为选择性的政策和功能性的政策两大类。前者的目的是对经济实践中常见的市场失灵进行矫正和干预，而后者的目的是更好地促进市场机制精准发挥资源配置的作用。周振华（1991）认为，选择性政策以国民经济总量变大作为政策形成的逻辑出发点，称之为"经济增长论"；而功能性政策致力于弥补市场先天功能上的不足，称之为"市场先天不足论"。

第二节 关于产业政策的合理性与有效性

一、产业政策合理性之争

研究产业政策是否合理，为政策的制定寻找理论支撑是产业政策研究的一大主题。关于产业政策是否必要、是否合理，不同的研究人员持有不同的观点。

有的学者认为，市场失灵是实施产业政策最合理的依据，特别是很多学者将东亚国家的追赶型发展战略以及与之配套的产业政策称为"发展型国家"理论（Johnson，1982）或"被驾驭的市场"理论（Wade，2004）。市场失灵论认为在市场存在垄断、信息不对称、经济外部性等情况下，政府可以在积极引导知识创新、知识传播应用等方面下功夫，并结合其他多种方式手段来弥补和纠正市场的缺陷和失败，促进资源的有效配置（杨伟民，1993）。首先，产业政策能够矫正企业研发活动的外部性（江小涓，1996；戴晨和刘怡，2008；Greenwald 和 Stiglitz，2013）。其次，产业政策能够纠正企业创新带来的信息外溢导致的正外部性。比如，林毅夫（2012）认为，市场失灵集中体现为公共物品、信息外溢、协调失灵三个方面，一个国家想要达到产业升级的目的，仅仅凭借市场是远远不够的，还需要政府充分调动各类政策发挥作用。因为受制于有限的资源，政府通过综合运用各类产业政策，为市场主体从事技术创新"铺路""架桥"，很多前期投入是巨大的，是市场主体无法承受的，必须有国家的力量去充当"开路先锋"。再次，规模经济和不完全竞争的存在使实施产业政策对抑制他国企业、保护本国企业抢先进入规模经济产业部门从而获得先发优势具有积极作用（Krugman，1984；顾昕和张建君，2014）。最后，产业政策还具有促进产业结构的合理化和现代化，进而促进经济加快发展的作用（杨伟民，1993）。杨伟民（1993）指出，在相当长时期内，中国都必须把对实现经济赶超具有重要作用的产业政策放在各项经济政策的中心位置上。

与此同时，部分学者坚持产业政策"无效论"，认为单凭市场机制就完全可以顺利完成对资源的配置行为。政府通过政策进行干预，可能无济于事甚至适得其反。一方面，产业政策的决策模式依赖于对信息的占有程度，需要决策者明确判断技术的演进路径，产业的发展规律。但人们的认知能力是有限的，创新与新产业的发展规律是不容易在短时期内就被人们所预见的（Warwick，2013）。另一方面，产业政策还会扭曲市场激励机制，这是由于信息的不对称可能导致信息价值失真，掌握信息的一方可能成为设租者。最后，合理的产业政策也不一定能被完美地执行，执行出现偏差会严重影响产业政策的实施效果（江小涓，1996）。实际上，产业政策本质上属于经济政策范畴，政策的内容涉及主导产业选择，在新兴产业和成熟产业两者之间进行资源配置，真正的政策中立很难实现。比如，不同主体的利益如何平衡是一个难题；相同产业在不同地区如何平衡更需要专业技术。这些因素导致产业政策主管部门要受到不同利益主体的干扰（赵嘉辉，2013）。

二、产业政策有效性讨论

近年来，随着国内外的学者对产业政策有效性的研究不断深入，探讨的重点不再是"无效理论"与"有效理论"中讨论的产业政策是否有效，而是在什么条件下、什么原则下，产业政策中的某些因素将如何发挥重要的作用，将产业政策的有效性研究转变为如何因地制宜发挥政策效用的研究，不再突出产业政策是否有效的结论。这些研究成果与经济学的分析逻辑更加贴切，即研究在各种条件下的最优决策，同时也揭示了经济发展历史的经验与教训，即虽然实施的产业政策相同，但是在不同国家或不同发展阶段实施产生的效果却存在差别。这是因为对有效性产生直接影响的因素已经随着国家不同、阶段不同发生了改变。

从国外的研究来看，Rodrik（2009）的研究发现，产业政策应遵循三个原则：一是嵌入性，即政府可以从企业等私人部门沟通得到信息；二是奖惩性，即政府可以根据一定的激励规则，挑选胜者与挑剔败者；三是可问责性，即政府对产业政策负最终责任。Helm（2006）研究认为，产业政策应该遵循四个原则：透明性、平衡性、连贯性和针对性。在Helm的研究基础上，Hausmann和Rodrik（2006）研究认为，应该加上自组织性原则，即政府不应该制定统一的原则和标准强制企业执行，应该让企业根据产业政策进行探索。这些研究强调对政府的约束原则。此外，Chang（2006）研究认为制定产业政策还需要遵循现实主义原则，即需要适用于本国的技术水平和世界市场的条件，并且需要与本国的出口战略相协调。

这些原则主要从四个方面来确保产业政策在实施过程中的有效性。一是嵌入性、现实主义等原则使产业政策更加符合实际，实现因地制宜。由于各个国家在制定产业政策时，面对的发展阶段、发展环境及其他约束条件不同，不能生搬硬套其他国家的发展成功的经验，需要根据本国的发展特性进行探索。二是为产业政策设置绩效标准，这些标准包括奖惩性原则，以及完备的责任认定、追溯原则。首先，国家制定的产业政策中应该针对企业扶持条款设置一定的绩效标准，对符合条件的企业提供政策扶持。其次，对产业政策也需要制定一定的考核标准，只有当产业政策效果达到一定标准时才能继续实施，即企业和政府都需要进行考核。三是采用透明性原则来减少政府失灵。既然产业政策的有效性离不开竞争，那么称职的裁判就格外重要，这需要减少政府失灵。四是优化产业政策内容，如自组织性原则、连续性原则和针对性原则等。

从国内的研究来看，邓仲良和张可云（2017）认为，考虑到产业的生命周期、不同地区所处的发展阶段等因素影响，产业政策能否发挥作用，要同时考虑所处的时间和空间。让产业政策更加有效，应该在政策设计上充分体现全流程的特点,即识别、应用、反馈和评估。蔡之兵(2017)研究认为,制定实施产业政策应该坚持三个原则:一是产业政策的实施对象强调的是"重整不重单",即应该是针对产业发展需要的整体环境而不是专门或仅仅针对某一个企业。二是产业政策在实施过程中,总的思路应该是"重减不重加",即要充分尊重产业自身发展的客观条件和相关规律,多出减少负担的政策,尽可能减少那些可能增加负担或者直接干预的政策。三是政策的实施标准应该是"重果不重过",即需要提高产业政策的实施标准中结果型指标的权重,如产品技术性能参数、市场利润、市场占有率、营业收入等指标;减少过程性的指标权重,如研发费用、生产数量等指标。李晓萍和杨鸿禧(2021)在总结具有代表性的文献的基础上,指出由于各国政策工具较为多样化,研究方法及结论也存在较大差异,我们针对产业政策是否有效这一问题的探讨要非常谨慎,并且在针对不同产业政策效果的评估时,不仅需要采用更加严谨的计量经济学方法,而且需要对政策效果能产生至关重要影响的政策执行的政治经济层面进行考量。Tao(2019)具体分析了产业政策引起的跨部门资源再分配的影响,考虑了产业政策引起的行业内分配不当问题,该文基于中国在2005年实施的铁矿石自动进口许可这一具体政策,分析了对大型钢铁生产商定向补贴的影响。研究结果显示,定向补贴政策加剧了钢铁行业的配置不当,降低了钢铁产业的生产率。Liu(2019)基于生产网络探索政府对于具有投入—产出关联的上下游部门之间存在的市场不完善进行政策干预的效果,并探讨了在跨行业关联和市场不完善的情况下选择性产业政策的理论依据,为评估产业政策的总体效应及政府干预提供了新思路。研究结果显示,政府对上游部门的补贴具有较强的刺激作用,市场缺陷会通过后向需求联系提高扭曲程度,因而政策干预应该从扭曲程度较高的部门开始。

第三节 关于产业政策的制定与实施

发展中国家运用产业政策去推动经济发展已经是通行的做法。如何使用产业政策成为讨论的焦点之一。在制定和实施政策的过程中,如何确保既能达到效果,又不干扰正常的市场运转,也是学术界讨论的热点。一种称之为选择性产业政策,即支持特定产业、特定行业,集中力量去补齐短板、培育优势。另一种称之为功能性政策,即不支持特定产业、特定行业,政府只要做好服务,提供普惠政策,促进公平竞争即可。实践表明,两种政策各有利弊。实际上，关于两种政策的使用，当前占主流的观点还是"中间派论"，即通过两类政策的并用去提升一国产业的整体竞争力。不去给政策贴标签，只要政策符合客观经济规律，有助于产业发展，就可以被应用。近年来，我国政府高度重视功能性政策的应用，明确了竞争政策的基础性地位，强化了竞争政策的作用（江飞涛，2021）。

关于产业政策的具体实施，关键在于具体产业的选择。相当一部分研究学者认为，根据比较优势来选择具体产业是一个比较恰当的方法。比如，林毅夫的研究认为一个国家的资本和劳动力的相对价格是由该国的要素禀赋决定的。因此，在选择具体产业的过程中，根据该国的比较优势来选择并发展，才能形成一国的竞争优势（Lin 和 Chang，2010）。石奇、孔群喜（2012）通过使用投入—产出模型来构建分析指标，并从多个角度、多方面来描述我国产业发展的所具备的比较优势，研究认为制定新的产业政策应当基于整个产业链环节的比较优势。一部分学者则认为应该违背比较优势来选择相应的产业。比如，张夏准认为虽然比较优势非常重要，但也只不过是一个参照，一个国家或地区要想实现产业的升级，不一定要根据比较优势来判断，有的时候甚至可以与比较优势相违背，其主要原因在于，在得出比较优势理论之前人为设定了非常严苛的前提假设条件，这些假设在现实情况下难以实现（Lin 和 Chang，2010）。还有一部分学者持折中的观点。比如，张其仔、李颢（2013）根据全球产品贸易数据库提供的有关数据，对各国比较优势进行了测算，并考察了美国、日本、欧盟在内的世界主要经济体在推动产业转型升级的过程与潜在比较优势是否具备同步性和一致性。他们认为，基于美国、日本、欧盟等国的产业转型有关实证研究表明，这些经济体在进行升级的过程中并没有绝对遵循比较优势，也没有完全不符合比较优势，而是站在了两者之间。据此，他们认为，产业政策的关键是寻找到一个平衡点，而不是盲目迷信某种学派的某种理论。

中国在制定和实施产业政策时体现了中国特色。瞿宛文（2009）研究发现，由于中国体制具有地方分权的特征，中央政策单位无法形成与企业部门信息互通的镶嵌自主性，在制定政策的时候难以符合市场的实际情况，这导致产业政策质量往往不高。但经济增长与赶超西方的共识促使政策不断优化改进，作者将此称为以超赶共识推动下的产业政策新模式。孙早和席建成（2015）通过研究发现，我国产业政策的作用效果一方面取决于地方政府所承担的由上级政府赋予的任务和目标，另一方面还与当地的经济发展程度及市场化成熟度具有密切的关系。对地方政府而言，产业升级是中长期目标，而经济增长则是短期目标，两者必须有所取舍。欠发达的中西部地区，由于一些地方政府具有较强的在短期内实现经济增长的愿望，产业政策可能与预期目标发生较大偏离，发生资源错配的概率也较大。而减少这种偏差的有效途径就是提高本地市场化水平，从而对产业政策所处的环境进行优化，达到理想效果。杨伟民（1993）通过研究发现建立和实施以产业政策为中心的经济政策体系，必须厘清产业政策与计划的关系、产业政策与总量管理的关系。

第四节　关于国外产业政策评述

产业政策在不同的国家和时期发挥着不同的作用。检验产业政策效果最直接的方法就是评价产业政策的执行情况。国内外学者从不同角度对产业政策进行了评价。

一、日本产业政策

日本作为制定和实施产业政策并取得显著成效的典型国家，有大量研究文献对其成功经验进行了系统的总结，但是后期也出现不少批判和反思日本产业政策的研究。比如，李慧敏和王忠（2019）以日本产业政策为研究对象，分析了其产业政策与竞争政策的逻辑关系与发展演进。于潇宇和刘小鸽（2019）回顾了日本工业化后期的产业政策演变历程，总结了其宝贵经验及政策失误。从这些研究来看，主要分为三类：

第一类观点是，其他与产业相关的政策也促进了日本经济的整体发展。比如，Johnson（1982）和Wade（2004）认为，东亚经济的成功主要源于强势政府所采取的产业政策，这些产业政策在弥补市场失灵方面发挥了重要作用。南亮进（1992）和沃格尔（1985）对战后日本经济的高速增长进行深入研究后认为，日本的成功主要归于日本政府运用产业政策来充分发挥后发者的优势，并促进产业结构升级。

第二类观点认为日本经济增长取得巨大成就不能仅简单地归于产业政策的实施，其产业政策存在缺陷，甚至在实施过程中起到了相反的效果。小宫隆太郎等（1984）对日本政府在20世纪50年代所执行的产业政策，进行了较为深入的系统分析，他们并不全盘否定实施产业政策的作用，而是有区别地对待不同类型的产业政策。Lawrence和Weinstein（2001）等的研究认为，得到政策保护的产业经济绩效反而表现比较差。Greenwald 和 Stiglitz（2013）认为，日本产业政策动用的资源具有极大的机会成本，如果投入其他部门可能会产生更好的经济效果。Kiyota 和 Okazaki（2010）通过对1956—1964年9年内日本纺织行业的绩效进行分析，认为产业政策的实施一定程度上阻碍了资源从低效率企业转移至高效率企业。Kiyota 和 Okazaki（2016）通过对1960—1969年日本的制造业数据进行分析，检验废除外汇管制的产业政策对制造业发展的影响，结果发现，无论是采用进口配额制还是采用关税保护的产业政策，都没有使劳动生产率明显提升。除此之外，Noland（2007）和 Hatta（2017）研究分析了导致日本实施产业政策效率低的因素，认为产业政策事实上是对具备市场效率的那些产业征税，用这部分钱去补贴救济其他衰落的产业。总而言之，市场竞争是日本经济取得巨大成功的关键，而不是产业政策的实施（Poter 和 Sakakibara，2004）。

第三类观点从日本的长期发展过程来看不同阶段的产业政策效果，认为其产业政策最初起到促进作用，但后期转型不利，并导致负面效果。比如，陈建安（2019）认为，日本在资源稀缺、供需矛盾突出的工业化初期，其产业政策提高了资源配置的效率，进而促进了日本整个经济的快速恢复和迅速发展，对市场竞争机制实现了有效替代，工业化中期的产业政策则大大推进了重化工业化的进程，进而实现了较长期的经济高速增长，而从工业化后期起，由于日本过于偏重产业发展政策和产业结构政策的政策取向，导致产业政策实施的效果明显减弱，甚至在工业化后期出现了一定的负面影响，进而导致了产业的竞争力逐渐下降，经济发展阻滞。

二、韩国产业政策

韩国也是产业政策成功实施的代表，不少研究认为韩国的产业政策是经济发展的重要推动因素。得益于在不同发展阶段制定的产业政策，韩国经济取得重大的进展。20世纪50年代以来，韩国政府实施鲜明的产业政策对经济发展进行引导与调控，经过30多年，韩国成为新兴工业化国家，创造了举世瞩目的韩国奇迹。与日本不同的是，尽管韩国经济面临东南亚金融危机的动荡局面，许多大型企业集团相继破产，但此后，韩国实施了有效的产业政策，经济迅速复苏，走上了正常的轨道。Amsden（1989）通过研究认为，产业政策是韩国经济成功迈过中等收入陷阱的重要原因。王淑莉（1996）等不少研究则指出韩国的产业政策成功培育了很多在国际上有影响力的行业和龙头企业。

尽管韩国被当作是产业政策成功的典范，但也仍然存在不少批判，认为韩国的产业政策对经济的促进作用并不显著，甚至存在各种负面效果。Lee（1996）通过分析1963—1983年韩国制造业的面板数据，研究产业政策的制定和实施对经济发展的影响。研究发现，韩国实施的贸易保护政策在一定程度上降低了劳动生产率和TFP增长率，但税收优惠等补贴政策却与之没有显著关系。Lee（2011）认为，产业政策的实施在一定程度上促进了韩国幼稚产业的发展，但是实施的成本超过了收益。Pack（2000）则检验了日本1960—1979年和韩国1966—1985年产业政策的效果，成果显示，经济增长率在9%左右时，产业政策贡献很小，分别只贡献了0.2%（韩国）和0.3%（日本）。Holcombe（2013）研究认为产业政策从无到有其实应该是经济发展的结果，而不应该将产业政策的实施看成是加速经济发展的原因。Al Jazaerri（2013）通过分析韩国微电子产业发展史，发现产业政策无法推动企业自主创新，从而摆脱对国外技术的依赖。

三、美国产业政策

看似标榜自由经济的美国，其实一直也没有离开过产业政策。沈梓鑫和江飞涛（2019）直面剖析了美国产业政策的主要目标、战略重点和具体措施，描述美国产业政策发展脉络及真相。美国产业政策以功能性产业政策为主，很少直接干预具体某一产业，一般是为了营造最优的产业发展环境。产业政策以维护美国在各领域的竞争优势为最大原则，形式上可能以各种"计划""远景"为载体，将政府机构出台的各种计划有效衔接整合，形成完善的政策体系。以基础技术研发、人员培训、区域发展、知识产权保护、加强监管和促进就业为出发点，并以立法、行政和司法机关的联合实施为保证，总体而言，美国工业政策具有以下特点：一是行政、立法、司法等机构密切配合，形成了完善的产业政策体系。二是产业补贴政策规范、透明。三是产业补贴政策重在支持企业研发，而对于产业化方面则鼓励市场竞争。四是非常注重运用政府采购等方式来推动本国新兴产业的发展。五是有的时候过于偏重于使用功能性产业政策，有的时候过分偏向于鼓励金融创新。不过，近年来结构性产业政策在美国产业政策体系中的地位不断提升，成为美国提升国内关键产业竞争力、配合对华贸易战与科技战的重要手段，未来美国有可能进一步制定实施系统性更强、举国特色更鲜明、使命导向更清晰的结构性产业政策，通过改革联邦产业政策管理体系，设立管理、协调产业政策与规划的中央机构与支持机构来对抗和遏制中国产业崛起（江鸿和贺俊，2020）。

第五节　我国产业政策评述

一是部分学者认为，中国产业政策有直接干预市场主体经营行为的特征，一定程度上保留了计划经济的色彩。有的时候阻碍市场竞争，带来负面效应。例如，马壮等（2016）应用多重线性模型，讨论我国的产业政策对资本等要素的配置效率影响，结果是，产业政策与资本配置效率负相关，结构性数据显示政策对民营企业经营效率影响更大。基于此，该研究认为以往大水漫灌式的产业政策是低效的，产业政策的关键促进企业提升生存能力。邱兆林（2016）的研究显示，我国曾一度推行的产业政策，在调整国内制造业结构方面发挥的作用和效果并不是很理想。测算发现两者存在负向关系。产生这种现象的原因在于，政策对微观经济的干预过于直接，有的时候以政府为主导，甚至替市场做决策，影响了市场发挥作用，制约了结构调整。该研究还通过梳理钢铁、家电两个行业的产业政策来证明上述观点。具体的结论是，钢铁行业发展过程中存在产能过剩，背后的原因与过度投资有关。相反，家电行业正是由于顺应了供给和需求的客观规律，政府在不同时期的政策对优化产业组织结构起到了锦上添花的作用。此外，俞静（2006）、瞿宛文（2009）的研究认为产业政策对主导产业的扶持并不成功，黎文靖和郑曼妮（2016）的研究表明，中国的产业政策在鼓励企业开展更深入的研发和创新方面发挥的作用远远不够，有的时候甚至不利于创新。赵卿和曾海舰（2017）测算了不同行业的产能利用率，计量测算的结果说明了产能过剩与行业政策有密切的关系。邱洋冬（2020）提出，高新技术企业资质认定的产业政策显著抑制了企业绩效的增加，而影响程度和方向取决于政府和市场的调节作用。

二是与第一类观点截然不同，认为政府牵头制定的产业政策或行业政策，对正处于发展关键期的产业起到了重要的积极的作用。例如，宋凌云和王贤彬（2013）认为，"五年规划"相当于给一段时间的产业政策定了调，地方通过符合本地实际的重点产业发展，取得的成绩是实实在在的。行业生产率的数据也支持这一结论。王云平（2017）认为我国实施的持之以恒的产业政策，在促进重点产业发展方面起到了关键作用，体现为产业结构不断优化升级，一些关键的技术突破不断取得进展。韩永辉等

(2017)分析了产业政策与产业结构变动的关联关系。研究结果发现,从政策出台到付诸实践,政策显著提升了地区产业结构的合理化程度。除了政策因素外,当地的市场化程度、当地政府的能力,也都是决定产业政策能否达到预期效果的重要影响因素。Chen 和 Xie(2019)通过实证检验发现中国产业政策对经济增长具有显著的积极作用,产业结构合理化是产业政策促进经济增长的重要途径。同时产业政策对经济增长的影响在不同的区域、不同的行政级别、不同的产业发展阶段和不同的产业政策类型之间存在异质性。张文武等(2020)指出,产业政策对资源配置效率存在明显的实践偏好性,鼓励性产业政策可显著提升资源配置效率,限制性产业政策因短期效果相对较弱,对经济水平发展程度不同地区的激励效应亦有明显差异。Wu 和 Zhu(2018)根据中国国家和省级制造业部门 4 位数分类的数据,分析了中国"九五"至"十二五"期间的产业政策。研究结果发现,中央政府的政策取向和偏好是影响各省五年规划编制思路的关键因素之一。研究结果表明,政策在实施期间显著提高了产出,但没有证据表明,在特定的五年规划结束之后,还会产生有益的影响。与很多研究不同的是,王桂军(2019)研究发现,削减产能的政策与企业创新水平提高具有正向关系。结构性的产业政策在优化供给、促进供需均衡方面发挥了正向作用。此外,还有研究认为我国的产业政策提高了行业竞争力(徐远华和孙早,2015),有利于行业创新(赵兰和周亚利,2014)。杨伟民(1993)认为,产业政策是政府干预资源长期性配置的政策,是侧重于刺激供给、增加生产的政策。其中,产业结构政策的主要功能就是促进某些有市场前景、高附加值、能显著提高结构效益的产业加快发展,获得完全靠市场调节配置资源所达不到的高速增长,使之足以同发达国家竞争,并成为主导产业,从而带动整个国民经济的加快发展和收入水平的提高,并且这种作用是产业政策所独有的。

三是认为产业政策从提出到落地,再到产生效果,传导机制存在很大的不确定性。据此,判断产业政策的绩效,也要充分考虑这种复杂性。邱兆林(2015)认为产业政策对产业的影响不能一概而论,一个政策可能会促进了技术进步,但对整个规模的扩大影响并不显著。舒锐(2013)通过对工业行业的全要素生产率进行分解,结果发现:某一项产业政策有的时候可以提高行业的产出水平,但却对提升效率的作用不显著。当前产业政策承担了很多使命,有的不是产业政策本身应该干的事情。唐晓华等(2017)测算显示,产业政策在不同时期,其绩效评价是不一样的,其认为 2010 年是产业政策效果的分水岭。陈钊和熊瑞祥（2015）根据 1998—2007 年近 10 年的工业企业微观层面数据，对国家级出口加工区的发展壮大以及产业政策发挥的作用进行了分析，以及研判比较优势在其中扮演的角色。研究结果发现，产业政策的效果还是取决于比较优势。卢现祥和尹玉婷（2020）从产业政策制定动机、产业补贴政策制度困境等方面展开分析，提出产业政策及产业补贴对市场主体创新与竞争的影响是多方面的，体制、制度及非人际化关系交易方式均对产业政策的实施效果有重大影响。李广子和刘力（2020）分析了各省产业政策以及上市公司全部贷款数据，指出法治水平、产业政策支持、政企关系等要素对信贷资金配置效率有显著影响。

第三章 产业政策的理论基础

产业政策可以看作是经济理论和经济发展实践的交集，与产业政策研究相关的理论体系也十分庞杂，但也可以从新古典主义、结构主义、实用主义三个维度去对产业政策的理论基础进行阐释。

第一节 新古典主义经济发展理论对产业政策的影响

新古典主义经济学的核心主张是，支持个体理性选择，反对凯恩斯主义。该学派认为，错误的价格政策扭曲了市场配置资源的机制。这一观点和认识成为反对推行产业政策的主要依据，即政策的成本要远远高于收益。

另外，新古典主义经济发展理论的一些观点，也为推行产业政策提供了依据，产业政策有助于弥补市场机制的不足。该理论认为，依靠价格机制实现资源的最优配置，通常需要一些前提条件，比如，信息对称，充分竞争，经济活动不存在外部性等，一旦这些条件不能得到满足，"市场失效"就会出现。这里的"市场失效"有五个方面，一是公共物品的提供。私人个体不愿意提供公共物品。因此，公共物品一般应由政府提供。二是经济外部性。社会成本与私人成本的差异，会降低市场资源配置的效率。三是科学技术研究开发。前期巨大投入很有可能成为"沉没成本"，企业和个人不愿参与前期投入。四是垄断。竞争不足导致效率下降。五是信息不对称。生产者拥有的信息量通常大于消费者所掌握的信息量，在此条件下市场机制并不能真正发挥最大作用。

"市场失灵"学说确实为产业政策实施提供了充足的依据，且具有实用主义的特点。但也存在着将"市场失灵"泛化的倾向。该问题在小宫隆太郎等所著《日本的产业政策》中有具体的讨论，小宫隆太郎提出，在运用产业政策处理"市场失灵"（也称"市场失败"）之前，要弄清楚四个方面的问题。第一，市场失败的认定标准是什么。第二，市场失败有哪些具体类型,根据不同类型的情况应采取不同的措施。第三,市场有失灵的时候,但是政策同样有失误的时候。第四,要看到产业政策实施的副作用,要善于在政策效果和各类代价中做出权衡。①

第二节 结构主义发展理论对产业政策的影响

结构主义的思想为实施产业结构政策提供了参考依据。结构主义理论关注发展中国家经济结构改造的重要性,讨论的主要内容是不发达的经济体采取什么样的机制,实现经济结构的优化和改造。在外贸领域,结构主义倡导进口替代战略,追求规模经济效应和获得技术外溢效应。提出了结构改革的战略和政策建议,如实施工业化、重视资本积累、强调计划作用、主张平衡发展、重视分配政策改进。拉美国家在20世纪六七十年代,实施了结构主义理念的产业政策。

此外,该理论认为,发展中国家存在着地理上的"二元结构",即发达地区和不发达地区在空间地理上的并存。据此,支持该观点的一些经济学家提出了经济发展"优先次序"。这也与产业布局政策有着直接的联系。

> **专栏3-1 罗森斯坦·罗丹的大推进理论**
>
> 为了克服需求和供给对经济发展的制约,罗丹认为有必要以最小的临界投资规模同时投资几个互补产业,这样才能产生"外部经济效应"。大推进理论主要包括四个方面。
>
> 大推进理论的目标是获得外部经济效应。外部经济效应包括两层含义:一是投资互补的工业部门,可以创造相互需求的市场,从而克服发展中国家国内市场狭窄的现状,从需求上解决阻碍经济发展的问题。二是同时投资于互补的工业部门可以降低生产成本,增加利润,为增加储蓄和提供再投资资本创造条件,并有助于克服在供应方面阻碍经济发展的障碍。因此,同时投资于几个互补产业部门的外部经济效应不仅可以增加单一企业的利润,更重要的是还可以增加社会净产品的供给。

---

① 小宫隆太郎,等.日本的产业政策[M].北京:国际文化出版公司,1988.

实施大推进所需的资金来自国内和国际双向投资。同时投资几个互补的工业部门需要巨大的资本。所以罗丹特别强调最小临界投资规模，即如果小于这个规模，区域经济就无法开始起飞。在发展中国家或者人均收入低的落后地区，这些资本从哪里来？罗丹认为主要有两个来源：一是国内。在不降低国内原有消费水平的基础上，利用一切可能的资本增加投资。二是国际化。罗丹认为，发展中国家或地区的工业化不仅必须依靠国内资本，还必须依靠大量的国际投资和资本引进。

重点推进的投资领域集中在基础设施和轻工业领域。大推进的投资方向不是整个国民经济的所有部门，而是几个互补的产业部门。在工业化的早期阶段，发展中国家或地区的投资应主要投向经济和社会基础设施以及相互关联的轻工业部门，而不是重工业部门。

大的推进过程必须通过政府计划来组织和实施，而不是通过市场调节。原因有以下三点：第一，投资的目的是实现外部经济效果，而不是利润；第二，投资金额巨大；第三，基础设施投资周期长。因此必须由政府承担。

第三节　动态比较优势理论对产业政策的影响

传统比较优势理论认为，一国的产业发展是否具有竞争力，关键在于资源禀赋，按照这个逻辑，产业政策就没有存在的必要。但也有观点认为，各国的资源禀赋结构处于不断变化之中，"比较优势"是动态的，动态比较优势理论认为，很多后天的人为因素，比如，专业化学习、人力资源的开发、创新的投入和积累等因素，同样有助于创造比较优势。这一观点与新增长理论也有共同之处。基于这些理论，产生了关于"保护幼稚产业""选择和扶持主导产业""调整和援助衰退产业"等产业政策思路。

动态比较优势理论体系较为庞杂，很多内容与本章所要讨论的产业政策并没有直接的联系。但无论何种比较优势理论，其核心的观点都是强调"内生"的重要性和潜力，将"动态"与"内生"作为理论演进的重要着力点。对产业政策的启示：一是竞争政策是研究产业政策不能回避的问题；二是"干中学"的观点说明，由于资源的禀赋是动态的，产业政策也不是一成不变的，要不断根据形势的变化做出调整；三是个人的因素对于创新至关重要，创新不仅仅涉及体制机制，"人"也是一个关键的内生变量。对产业政策的启示是，产业政策要注重对个体的制度化、机制化激励。

第四节 产业结构理论对产业政策的影响

产业结构是国民经济中各行业所有经济资源的配置结构。现代经济的发展表明，产业结构的优化取决于经济增长的速度和方式，产业结构的升级和合理化对经济发展有重要影响。著名的理论有配第—克拉克定理、库兹涅茨综合分析理论、霍夫曼定理、钱纳里"标准产业结构"理论、产业生命周期理论、赤松要雁行形态理论和赫希曼产业关联理论。这些都是产业结构政策重要的依据。

赫希曼产业关联理论认为，经济增长的过程本身就是一个不平衡的过程，是由一种不平衡转为另一种不平衡。同时，由于资源的稀缺性，应先从主导产业开始分配相关的资源。在主导产业发展潜力释放之后，会带动相关其他产业发展，实现关联产业结构的调整与优化。也就是说，谁的关联带动作用强，就集中优势资源发展谁。这种产业结构优化调整的思路和思维，是投入—产出理论的重要源头，也为运用定量方法研究产业政策提供了理论依据。

赤松要的雁阵理论认为，整个东亚的发展和产业结构的调整，遵循了一个"雁行"规律。相应的政策启示可以概括为四个方面：一是重视本地区生产力的发展，不断调整经济结构。重视教育和人力资本投资，促进经济持续增长。二是坚持外向型战略，包括向其他地区提供商品，积极推动贸易、投资和金融自由化，努力发展外向型经济。三是依靠地区内部积累，适当控制外债规模和结构。四是政府与市场机制的有效结合，政府调控行为与市场机制的紧密结合，相互交融。

笔者认为雁行理论其实揭示了一些产业转移的客观共性规律，对我们正确看待前一段出现的部分产业环节向东南亚转移具有重要意义。对产业政策的启示就是要在认清规律的同时保持一定的定力，因为随着"成本洼地"的消失和各国工业化水平、发展阶段的不同，在后工业化时代出现一定程度的、个别环节的产业外迁，也具有一定的合理性。

第四章 国别经验：产业政策的他山之石

我们到底需不需要产业政策？本章分析提炼国外的产业政策经验。总的来看，产业政策是必要的，即便是标榜自由经济的美欧各国，都不同程度地使用了产业政策，与亚洲国家不同的是，欧美产业政策披上了很多"外衣"，但无论何种形式，都是有政府背书的。

第一节 美国产业政策

一、美国产业政策的历史演变

（一）1791年至第二次世界大战前

美国早在建国后不久就形成了明确的"产业政策"思想。面对建国初期内忧外患的困境，美国时任财政部部长汉密尔顿于1791年向国会递交了《关于制造业的报告》，该报告强调制造业在经济体系中的重要作用，并提出了关税保护、对目标产业提供直接的政府补贴、出口限制、提供公共基础设施、对制造业投入进行免税等十一条基本政策原则[①]。这些思想最终形成了以"生产效率—内部改善—关税保护"为核心的工业化战略思想。这是美国历史上第一次提出产业政策思想，也是产业政策理论诞生的重要标志。由此可见，美国实施产业政策是有着长久历史传统的，指导着美国走上制造业强国之路。

---

① 汉密尔顿在《关于制造业的报告》中提出的十一条基本原则中，对美国产业政策产生过实际影响的主要是关税保护（对本国制造业的高关税贸易保护）和提供公共基础设施（铁路建设等内部改善），其他的基本原则在政策落实层面，并没有确实的经济史料或政策文本作为支撑依据。美国在第二次世界大战前采取过的产业政策措施主要包括采取高关税贸易保护、优化移民政策吸引全球高技能人才、加强基础设施建设这三个方面。

(二) 第二次世界大战以后至 20 世纪 70 年代末

第二次世界大战结束以后,美国为应对冷战压力,以国防科技体系为中心采取"先军后民,以军带民"的产业发展战略,并且在 1945 年发布《科学——无止境的前沿》报告,强调了基础研究对知识创造、技术进步和经济增长的重要性。在这一战略的引导下,美国将公共财政资助的重心转移到基础科学研究和科技产业的战略布局上。1947 年,美国颁布国家安全法案,先后成立国家科学基金会、原子能委员会和国立卫生研究院等机构,并为这些政府机构注入大量资金用以扶持国内的科技产业创新活动。在这一阶段,美国主要基于国家安全的考虑来架构和拓展国内的产业政策体系,重点在于不断加大对基础科学研究、基础技术与通用技术等公共政策的支持力度。

(三) 20 世纪 80 年代初至 20 世纪末

20 世纪 80 年代,美国为应对来自日本和德国迅速崛起的强大制造力和技术赶超威胁,开始大力推行一系列产业技术政策措施,加强产业创新网络建设,强化产学研合作,促进应用性技术的开发与推广。1980 年,美国开始进行知识产权制度改革,出台了《拜杜法案》和《史蒂文森—魏德勒技术创新法案》。之后,美国又出台了《大学和小企业专利程序法》和《技术创新法》(1980 年)、《小企业创新发展法案》(1982 年)、《国家合作研究法》(1984 年)、《联邦技术转移法》(1986 年)、《综合贸易与竞争法》(1988 年)、《加强小企业研究与发展法》和《再投资法》(1992 年)。总之,美国政府通过的一系列科技立法有助于解决科技产业的共性技术难题,从而促进产业内的技术转移与扩散。在这一阶段,美国产业政策以创新政策为主,通过推进创新要素的市场化改革,打造有利于创新发展的市场体系和公平的竞争环境。比如,1981 年通过的《经济复兴税收法》明确了 25% 的研发税收减免,放宽了企业间研发合作的限制。1982 年的"小企业创新研究计划"和 1992 年的"小企业技术转移计划"支持向小企业技术创新活动提供资金,鼓励小企业与非营利性机构之间开展创新合作,提高商业化转化效率(沈梓鑫和贾根良,2018)。1988 年开展的"制造业扩展伙伴计划(MEP)"支持将联邦实验室、高校和企业产生的新技术与方法直接转移到中小型制造企业中(汪琦和钟昌标,2018),同期开展的"先进技术计划(ATP)"则致力于为具有潜在商业价值的共性技术开发提供早期资金支持,从而加速竞争前技术的商业化。1987年创建的半导体制造技术战略联盟则致力于支持企业进行共性技术合作研发,并鼓励将相关技术应用到企业后期产品开发中,最终使得少数企业凭借技术优势形成竞争性集中,提高半导体产业竞争力。

(四) 21世纪初至全球金融危机

21世纪初,为应对生态破坏、能源危机、金融危机等世界性难题,逐步将这些挑战纳入新的产业政策框架,并成为21世纪美国的国家战略目标。在这一阶段,美国产业政策开始注重对战略性新兴产业优先领域的培育和支持,而且高度重视人力资本培养,致力于通过扶持优先领域和培养创新人才来提高产业竞争力。2001年发布的《国家纳米战略》《国家能源政策报告》和《国家氢燃料研究计划》将纳米和新能源列为战略性新兴产业的优先领域。《创新美国》(2004年)、《超越风暴》(2005年)、《美国竞争力计划》(2006年)、《美国"竞争"法》(2007年)等法案明确支持基础科学研究并构建多层次的产业技术创新人才培养体系。

(五) 全球金融危机至今

2008年金融危机之后,美国开始实施再工业化战略,目的在于创造高质量的国内就业机会、汇聚综合创新的协同效应、确保技术领域的国家安全。为重振制造业,美国出台了一系列政策措施来支持制造业尤其是先进制造业的发展。《重振美国制造业框架》将制造业确定为美国核心产业,并提出一系列措施,包括加强劳动力素质培训、加大对新技术研发和产业化投入、发展有利于新技术产业化的资本市场、加强先进交通基础设施建设、扩大出口、创造公平的市场竞争环境等内容。《制造业促进法案》通过关税及国内税收减免来降低制造业成本和保持稳定就业。《美国创新战略》提出优先发展清洁能源、生物技术、纳米技术、先进制造业技术和空间技术。《先进制造业伙伴计划》和《先进制造业国家战略计划》对美国发展先进制造业进行系统构思,提出完善先进制造业创新政策、加强"产业公地"建设、优化政府投资方向等措施。《机器人技术路线图:从互联网到机器人》指明未来5~15年工业机器人所要解决的关键技术。《学徒计划》致力于将社区培训高级技术工人的模式及经验推广至全国。《振兴美国先进制造业2.0版》通过支持创新、加强人才引进和完善商业环境等方式,确保美国在全球先进制造业领域的主导地位。《振兴美国制造业和创新法案》明确制造业创新中心将重点关注纳米技术、先进陶瓷、光子及光学器件、复合材料、生物基材料和先进材料、混动技术、微电子器件工具开发等领域。

二、美国产业政策的特点及经验教训

自 18 世纪独立建国以来，美国的产业政策一直以不同类型、不同形式而存在。**美国产业政策的主要特点**如下：（1）将营造出最优的产业发展环境作为核心目标；（2）将"保持国家竞争力"作为最优先原则；（3）依据联邦政府机构的各种计划去协调和衔接，完善政策体系；（4）主要通过基础技术研发、人才培养、区域发展、知识产权保护、监管、就业促进方面的具体政策要求实现产业目标；（5）立法、行政和司法机构三方共同开展实施作为政策保障。

美国产业政策的经验教训主要如下：（1）行政、立法、司法等多方机构密切配合，从而形成完善的产业政策体系；（2）产业补贴政策规范、透明；（3）产业补贴政策注重支持企业研发，而对于产业化方面则鼓励市场竞争；（4）重视利用政府采购政策达到推动新兴产业发展的目的；（5）在产业政策的制定的思路和手段上过于保守、缺乏创新，过分强调功能性产业政策和金融创新，弱化了实体经济创新的作用。

主要特点	经验教训
（1）以营造最优产业发展环境为目标； （2）以"保持国家竞争力"为最优先原则； （3）依据联邦政府机构的各种计划去协调和衔接，完善政策体系； （4）主要通过基础技术研发、人才培养、区域发展、知识产权保护、监管、就业促进方面的具体政策要求实现产业目标； （5）立法、行政和司法机构三方共同开展实施作为政策保障。	（1）行政、立法、司法等多方机构密切配合，从而形成完善的产业政策体系； （2）产业补贴政策规范、透明； （3）产业补贴政策注重支持企业研发，而对于产业化方面则鼓励市场竞争； （4）重视利用政府采购政策达到推动新兴产业发展的目的； （5）产业政策的思路和手段缺乏新意，过分强调功能性产业政策和金融创新，实体经济创新的作用被弱化。

图 4-1 美国产业政策的特点及经验教训

第二节 日本产业政策

一、日本产业政策演变历程

第二次世界大战后，日本的产业政策大致可划分为"产业政策主导时期""竞争政策强化时期"和"协调发展时期"三个阶段。

（一）产业政策主导时期

1945—1973年是日本产业政策主导时期，在这一时期，日本的产业政策保持强势状态，特别是在1953年之后，日本的产业政策呈现"一枝独秀"状态，竞争政策基本处于停滞状态。该时期又可以分为如下阶段：

一是经济复兴时期（1945—1960年）。日本产业政策经历了社会再生产秩序的重新恢复阶段、产业结构重新整合以及重新分配资源的阶段、发展出口产业和实现经济快速发展的阶段，基本可以总结成产业政策的复兴、合理化到振兴的"三步走"过程。在产业复兴政策阶段，以"倾斜生产方式"为核心的产业复兴政策是日本调节经济的主要方式，表现在社会再生产链的接续关系上，尤其是纵向产出中，即从上游初加工产业向下游产业生产出最终产品的连续关系上，采用了递推生产的方式。在产业合理化政策阶段，旨在利用更新设备和技术创新的方法降低工业生产中的发生的成本。在产业振兴政策阶段，产业政策有如下特征：一是实施的目标转向全面成长的新兴产业，而非固有的基础产业；二是将更多的目光向支柱产业聚焦；三是政策目标发生改变，以生产过程的合理化为目标向结构转换和全面的经济振兴转变。

二是高速增长时期（1960—1973年）。该时期日本经济政策的主要目标是按照需求的收入弹性标准和劳动生产率增长率标准确立主导产业，使产业结构重化学工业。日本在20世纪60年代初把发展重化学工业、提高产业的竞争能力作为实施产业政策的重要目标，政府鼓励企业合并，抑制企业间的过度竞争，同时还制定中长期发展计划，比如，《新长期经济计划》（1958—1962年）、《中期经济计划》（1964—1968年）等。

三是高速增长时期（1960—1973年）。在这一时期，日本将产业政策重点目标放在重化工业的发展和产业竞争能力的提高上，对产业进行改组和改制并建立新的产业组织秩序。主要包括以下几点：一是创建一个新的产业秩序；二是推出控制投资的政策；三是调整生产领域的政策，通过制定统一的准则来规范行业的生产规模、生产方法从而提高整个产业的总体竞争力；四是制定综合能源对策；五是持续推进产业扶持政策。

（二）竞争政策强化时期

1973年之后，日本政府仍保持政府对经济的干预，但其产业政策已显著不同。政界和学界开始重新看待产业政策和竞争政策的相互关系，并提出产业政策只有在政府不介入产业活动就无法实现资源有效配置和收入分配的情况下才能予以考虑。除此之外，都应该积极发挥市场竞争机制的作用，竞争政策逐渐受到重视。其中标志性的动作就是《禁止垄断法》于1977年迎来首次强化修改并稳定下来。总的来看，在这一时期，日本产业政策的主要目的是改变能源及资源结构、调整结构性萧条产业、支持民间企业的研发活动。一是政府支持企业采用节省资源及能源的技术设备，积极开发替代能源和原料，同时加强环境保护立法，促进企业调整能源结构；二是调整结构性萧条产业，把产业结构由以前重化学工业转换为知识密集型工业结构，提出"知识密集型"的产业政策，提出"科技立国"战略；三是通过鼓励研究、开发、设计、管理等专业能力的投入，发展知识密集型工业，以促进产业结构由重化学工业化转为知识密集型工业。

（三）协调发展时期

1989年之后，日本开始积极推动产业政策与竞争政策之间的相互补充、相互协调，以1989年"日美结构问题协议"为契机，日本产业政策与竞争政策的关系开始步入新的发展阶段，竞争政策在法律政策体系、执行体制等方面的作用都得到加强。日本从"规制缓和"时代逐渐进入"规制改革"时代，一方面从竞争政策角度对产业政策实施自我约束和自主限制，废除不必要的产业政策，将政府对经济活动的限制由事前监管型转变为事后监督型；另一方面以更加积极主动的姿态，综合运用立法、政策等手段，设立带有浓厚竞争政策理念的新规则、新条款，增加推出"促进竞争型"产业政策。在这一时期，日本逐步确立知识密集型产业和以服务业为主的第三产业为主导产业，并纠正对内和对外发展的不平衡性，具体包括以下三点：一是制造业加速海外转移；二是加快第三产业发展，改变服务业低效率的局面；三是缓解对内和对外发展的不平衡状况。亚洲金融危机后，日本在继续大力发展第三产业的同时，努力推进信息产业的发展，提出信息高速公路计划，实施倾斜的财政政策、信贷政策，尽力通过信息产业的发展带动经济的恢复。进入 21 世纪后，日本产业政策更多权衡社会、经济及环境的可持续发展，注重知识密集型产业的开发。经济产业省提出了"产业结构蓝图"，明确了五大重点领域：一是核电站、水路、铁路等方面的基础设施产业；二是环保车辆等环境能源技术产业；三是文化产业；四是医疗、护理、健康、生育方面的服务行业；五是机器人、航天航空等尖端技术产业。

二、日本产业政策的特点及经验教训

战后日本的产业政策实施经历了产业政策主导期、竞争政策强化期和协调发展期三个阶段。当前，日本仍在实施的协调发展的产业政策的主要特征为：（1）以促进产业竞争为目标，由选择性产业政策向产业政策和竞争政策并重转变；（2）以立法推动行政体制改革为抓手，通过理顺组织间和组织内部的职责，调整对产业政策实施部门的具体权限；（3）为明确相关主体的行为界限，产业政策部门与竞争政策执法部门联合制定共同执法指南；（4）以明确竞争法实施细则为重点内容，以《反垄断法》为主要依据，结合特定行业在不断发展实践中总结形成的行业惯例及市场化成熟度等制定各种具体实施细则；（5）以共同实施政策评价制度和竞争影响评价制度为保障，对政策、法律的制定和实施效果进行重点评价，根据实施效果评价和社会经济发展实际变化积极对政策进行调整、优化和完善。

日本产业政策的经验教训主要如下：（1）政府应采取权变策略，因时因地制宜制定产业政策；（2）深入了解具体行业，根据不同的情况实施产业政策的"个性化"转型方案，科学评估产业政策；（3）重视经济民主的判定准则，完善竞争政策法解释，提升执法独立性，重视市场竞争状况评估，健全竞争政策制度设计；（4）重视消费者权益，尊重中小企业经营自由权，营造公平竞争的软环境。

主要特点	经验教训
（1）将促进产业竞争作为目标，由选择性产业政策向产业政策和竞争政策并重转变； （2）以立法推动行政体制改革为抓手，理顺组织间和组织内部的职责，对产业政策实施部门的具体权限做出调整； （3）产业政策部门与竞争政策执法部门联合制定共同执法指南，明确相关经济主体的行为界限； （4）以明确竞争法实施细则为重点内容，以《反垄断法》为主要依据，结合特定行业在不断发展实践中总结形成的行业惯例及市场化成熟度等制定各种具体实施细则； （5）以共同实施政策评价制度和竞争影响评价制度为保障，对政策、法律的制定和实施效果进行重点评价，根据实施效果评价和社会经济发展实际变化积极对政策进行调整、优化和完善。	（1）政府应采取权变策略，因时因地制宜制定产业政策； （2）深入了解具体行业，根据不同情况实施产业政策的"个性化"转型方案，科学评估产业政策； （3）重视经济民主的判定准则，完善竞争政策法解释，提升执法独立性，重视市场竞争状况评估，健全竞争政策制度设计； （4）重视消费者权益，尊重中小企业经营自由权，营造公平竞争的软环境。

图 4-2 日本产业政策的特点及经验教训

第三节 欧盟产业政策

一、欧盟产业政策的演变

（一）产业政策的初步探索阶段（1950—1980 年）

1951 年欧洲煤钢共同体的建立标志着欧盟层面开始尝试产业政策。其主要目的是协调成员国家煤炭与钢铁的供给，当时采取生产配额、最低限价、贸易保护、投资计划、价格规制和补贴措施等方式。1970 年，欧洲共同体委员会正式提出协调各国工业发展的设想，但并未真正落实。之后一直到 80 年代，欧共体委员会多次尝试在共同体层面建立产业政策体系但均未获得成功。但是，在这一时期，许多欧洲国家则都在实施具有较强干预主义特征的产业政策。比如，20 世纪 60 年代，英、法等国为缩小技术差距、扶持传统工业，实施了积极干预的产业政策。70 年代，产业政策又被作为应对石油危机的防御性措施来复兴危困产业。总之，在这一阶段，欧洲共同体没有系统实施产业政策，也未形成较为系统的产业政策理论体系，只针对个别产业部门实施了具有较强干预性的政策。

(二) 产业政策体系的形成阶段 (1981—2008 年)

20 世纪 80 年代，随着欧洲内部市场一体化取得显著的进展，各成员国开始接受共同体层面的产业政策作为指导和辅助手段。1990 年，欧洲共同体委员会发布了"开放与竞争环境下的产业政策：共同体行动的指导原则"的报告并得到工业部长理事会的支持，这标志着成员国之间就共同产业政策的指导原则基本达成一致。其中提到要保证欧共体内形成开放的市场竞争秩序，为多数工业部门的发展创造有利的环境，并且共同体层面产业政策仅作为成员国政策的补充而存在。该报告的提出标志着选择性产业政策模式的结束，未来产业政策将具有更多的功能性特征。1992 年通过的马斯特里赫特条约进一步为共同体层面制定实施产业政策提供了法律基础，并授权共同体委员会具体执行产业政策。该条约明确规定产业政策是共同体责任的一个重要领域，并制定了具体行动目标：一是加快产业结构调整；二是构建有利于企业合作的环境；三是构建有利于整个企业发展的环境；四是制定有利于创新、技术研发的政策环境。1994 年，欧盟发布了"欧洲通往信息社会之路"的报告，进一步强调产业政策横向性的原则，并更加强调竞争的重要性。之后还出台了"欧盟的产业竞争力政策""增强欧盟产业竞争力的行动计划""欧洲制造业的结构演变与调整"等报告。

21 世纪初，欧盟重新认识到制造业的重要性，并在 2000 年提出了里斯本战略，其中产业政策被赋予重要作用。之后，欧盟委员会又发布了四份产业政策报告。2005 年，欧盟委员会通过"加强欧盟制造业竞争力的政策框架——通向更具综合性的产业政策"报告，明确提出要将横向政策与部门政策相结合，形成矩阵式的产业政策，这标志着欧盟新产业政策体系的形成。在新产业政策体系中，本质是针对所有产业或者多个产业的，目标在于建设有利于提升产业竞争力的市场制度、市场环境、创新环境等框架性条件 (Aiginger 和 Sieber, 2006)。总之，在这一阶段，欧盟由传统选择性产业政策开始向横向功能性产业政策转变，进而向横向产业政策与纵向产业政策相结合的矩阵式产业政策转变。

(三) 产业政策的发展和完善阶段 (2009 年至今)

2008 年全球金融危机凸显了欧洲制造业急剧恶化，结构性缺陷凸显，主要体现为过度依赖服务业和金融业的问题。在此大背景下，欧盟于 2010

年提出要实现"智慧型增长""可持续增长"和"包容性增长",为此提出七项计划,其中包括"全球化时代的产业政策"。之后,欧盟委员会进一步提出"全球化时代的综合性产业政策——将竞争力与可持续发展置于核心位置"的报告。该报告旨在提升欧洲工业竞争力,推动中小企业的发展、原材料供应和管理以及创造工作机会,重在构筑有利于提高创新与生产率的框架条件,并明确提出采取矩阵式产业政策体系。2011年,欧盟委员会又发布"产业政策:强化竞争力"的报告,要求在智能监管、融资渠道、单一市场等领域开展进一步的结构性改革和实施协调一致的政策。2012年,欧盟委员会进一步发布"打造强大的工业以促进欧洲增长与经济复苏——产业政策升级"的报告,要求把投资创新、打造更好市场、获得资本、提升人力资本作为提升产业竞争力的手段,对于优先领域,建立涉及主要利益攸关方的专门合作委员会。2014年,欧盟委员会通过"欧洲工业复兴"的报告,提出成员国应该注重工业在创造就业机会、促进经济增长方面的重要作用,应该将工业竞争力纳入产业政策范畴,充分利用内部市场潜力,果断采取推进区域发展的政策工具,鼓励企业投资,支持创新创业,促进欧洲企业融入全球价值链,期望到2020年将工业增加值占国内生产总值的比重提高到20%。总之,产业政策与创新政策、环境政策相互融合成为这一时期欧盟产业政策的突出特点。

二、欧盟产业政策的特点及经验

20世纪90年代以来,欧盟开始制定实施产业政策,**其产业政策主要有四个特点:**(1)将促进产业竞争力提升和结构演进作为目标;(2)以坚持市场导向和实施横向性产业政策为原则;(3)将横向产业政策与部门应用紧密结合,通过矩阵式产业政策为具体行业量身定制产业政策;(4)把构建产业创新发展的框架性条件作为主要内容。

欧盟产业政策的经验教训主要如下:(1)加快产业政策从选择式向矩阵式(功能性)的模式转型;(2)实施矩阵式(功能性)产业政策时要尤其注意促进创新和给予更多激励;(3)注重调整和优化产业政策的执行和实施机制。

主要特点	经验教训
（1）将促进产业竞争力提升和结构演进作为目标； （2）以坚持市场导向和实施横向性产业政策为原则； （3）将横向产业政策与部门应用紧密结合，通过矩阵式产业政策为具体行业量身定制产业政策； （4）把构建产业创新发展的框架性条件作为主要内容。	（1）加快产业政策从选择式向矩阵式（功能性）的模式转型； （2）实施矩阵式（功能性）产业政策时要尤其注意促进创新和给予更多激励； （3）注重调整和优化产业政策的执行和实施机制。

图 4-3 欧盟产业政策的特点及经验教训

第四节 印度产业政策

一、印度产业政策的演变

（一）计划经济阶段

印度自1951年起开始执行五年计划，但是并未明确提出产业政策，直到1956年开始实施的"二五"计划，印度才明确提出优先发展重工业的战略并确定着重发展钢铁、重型机械、机床和其他重化工业，"三五"期间继续执行这一政策。在这期间，印度过分强调重工业，而忽视农业和轻工业发展，注重大型资本密集重工业企业发展，限制中小企业和私营企业发展，过度保护本国工业，实行严厉的限制消费品进口的政策。

1966年之后，印度产业政策进行了一些调整，主要表现在以下三方面：一是在强调重工业优先发展的同时大力加强农业特别是粮食生产；二是在继续实行进口替代的同时注意出口工业的发展；三是进一步加强国家在经济生活中的干预，限制本国私人大企业和外资企业的发展。

进入20世纪80年代，印度一方面加强财政和货币管理、放松对私人资本和外国企业的限制、整顿国有企业；另一方面，更加强调农业的基础作用，进一步扩大对能源和基础设施投资，同时工业投资的重点由过去的重工业转向消费品工业、支农工业、出口工业和高科技工业，其中包括电子电器、计算机、生物化学、宇航和原子能工业等。

（二）经济自由化改革阶段

20世纪90年代之后，印度实施了经济自由化改革，并对产业政策进行了重大调整。软件业作为印度的主导产业，政府的支持是其快速发展的重要因素。因此，可以软件产业政策为例阐述新时期印度的产业政策。当时印度主要采取了如下产业政策：一是对软件业实施零关税、零流通税和零服务税政策，允许企业加速折旧。二是减少外资软件企业进入壁垒，允许外资控股。三是加大对高科技企业的支持力度，对企业科研经费实行财政资助和奖励。四是给予软件出口各种优惠政策。五是采取国家、企业、私人并举、产学研相结合的培养人才方式，加大科技人才储备。六是对版权者的权利、软件的出租、用户备份的权利、侵权的惩处和罚款的功能等做出明确规定，并严厉打击盗版活动，维护软件创作者的权益。七是大力推进市场自由化和民营化。八是发挥国家软件与服务公司协会、信息技术产品制造商协会等行业组织的作用，帮助企业及时获取市场信息、相互沟通联系、组织宣传和展览、开展研讨会和向政府反映问题。

二、印度产业政策的特点及经验

印度经历了从高度管制到放松管制的产业政策历程。20世纪90年代以来，印度的产业政策主要呈如下特点：（1）以提高产业竞争力为目标，印度在1991年的产业政策中明确提出与此前历次产业政策显著不同的声明，即印度的国内产业必须获得国际竞争力；（2）以促进科研成果应用转化为原则，通过投入技术开发应用基金，鼓励技术转让和产学研合作，采取税收优惠政策，设置科技园区，放宽限制引进和吸收国外先进技术等方式，促进技术创新和成果应用转化；（3）支持以重点产业发展为抓手，印度90年代之后的产业政策包含对重点产业进行选择性干预，主要是对计算机软件、电子设备、制药等高技术产业部门给予产业政策重点支持；（4）以适度运用贸易保护为手段，频繁运用世界贸易组织允许的贸易救济措施保护本国产业。

印度产业政策的经验教训主要如下：（1）产业政策的偏向性导致产业结构不尽合理，第三产业特别是高技术服务业超常规发展，第二产业发展迟缓，农业生产效率长期低下；（2）产业结构比例失调导致第二产业吸纳过剩劳动力的能力不足，对经济发展缺乏足够持久的推动力，引发人才外流削弱经济发展的可持续性。

第四章 国别经验：产业政策的他山之石

主要特点	经验教训
（1）以提高产业竞争力为目标，印度在1991年的产业政策中明确提出与此前历次产业政策显著不同的声明，即印度的国内产业必须获得国际竞争力； （2）以促进科研成果应用转化为原则，通过投入技术开发应用基金，鼓励技术转让和产学研合作，采取税收优惠政策，设置科技园区，放宽限制引进和吸收国外先进技术等方式，促进技术创新和成果应用转化； （3）支持重点产业发展为抓手，印度20世纪90年代之后的产业政策包含对重点产业进行选择性干预，主要是对计算机软件、电子设备、制药等高技术产业部门给予产业政策重点支持； （4）以适度运用贸易保护为手段，频繁运用世界贸易组织允许的贸易救济措施保护本国产业。	（1）产业政策的偏向性导致产业结构不尽合理，第三产业特别是高技术服务业超常规发展，第二产业发展迟缓，农业生产效率长期低下； （2）产业结构比例失调导致第二产业吸纳过剩劳动力的能力不足，对经济发展缺乏足够持久的推动力，引发人才外流削弱经济发展的可持续性。

图4-4 印度产业政策的特点及经验教训

第五节 韩国产业政策

一、韩国产业政策的演变

（一）经济起飞阶段（1962—1971年）

在这一时期，韩国从1962年起实行第一个五年计划，从此开始有计划地推行产业政策。这一时期的主要目标是发展替代进口产业，减少对外国产品的依赖，提高工业品的自给能力，从而为自主经济奠定基础。此时韩国产业政策的重点是：一是推进重工业化，加快电力和煤炭工业发展；二是扩大农业生产；三是扩充基础工业和社会公共设施；四是增加出口。

（二）促进重工业发展阶段（1972—1979年）

20世纪70年代初期，韩国的产业政策目标转向发展重工业和化学工业，关键在于促进资金密集型工业的发展，推动中间材料与生产资料的进口替代。此时韩国实施的产业政策主要包括：一是给予企业资金支持；二是允许某些产业进行垄断性生产，以克服国内市场过小的问题。以重工业为例，为加快重工业的发展，韩国对重工业的发展计划、资金筹措方式、优惠条件、产品方向、技术引进等都做了明确规定，甚至直接进行大规模国家投资。

（三）减少政府干预阶段（1980年至金融危机阶段）

20世纪80年代初，韩国进行了经济调整，制定了"稳定、均衡、效率"的基本方针，并缩小计划与市场相结合中的计划范围，加大市场的作用。1980年12月，韩国制定了《关于限制垄断以及公正交易法》，有效扩大了竞争的范围。1985年韩国又通过《产业发展法》，强调市场作用，减少政府对产业政策形成的干扰。这也标志着韩国的产业政策发生了深刻的变化。一是坚持出口导向的产业发展方向，培植出口产业；二是强化"技术立国"战略，加强技术研发；三是坚持发展重化工生产体系，致力于提高技术开发能力，推进自主发展。比如，在重工业产业政策方面，将重点从集中投资和优惠刺激转向引进设备国产化和技术升级，大大减少对企业活动的直接干预，使政府主导型经济转向民间主导型经济，把发展重化工产业转到市场的轨道上。

（四）重视企业发展阶段（金融危机至今）

在这一时期，韩国高度重视大企业的发展，采取了一系列的产业政策，具体包括以下三方面：一是重视中小企业的发展，将中小企业作为国民经济的基础来扶持，大力促进中小企业的转型升级；二是推动企业之间的重组合并，减少重复建设、重复投资，从而解决生产过剩问题；三是发展风险投资，重点发展信息软件业、超导产业、生物医药产业、新材料产业等高科技产业。

二、韩国产业政策特点及经验

韩国产业政策主要呈现如下特点：（1）以促进经济发展为终极目标，将提升经济增长能力的情况作为判断产业政策好坏的首要标准；（2）善于识别经济前沿并把握未来的产业发展重点，适时调整产业政策，推动产业结构不断优化；（3）以政府全方位介入和政策倾斜为主要手段，将政府作为产业发展规划的主导力量；（4）以战略性产业和大型企业为重点内容，通过提供优惠政策、金融倾斜、干预企业重构等方式扶持重点企业。

韩国产业政策的经验教训主要如下：（1）产业政策的制定和实施必须在开放条件下进行，同时要合理利用国际分工和产业转移趋势，顺势而为；（2）特定时间内通过对特定产业或企业进行倾斜性扶持的方式来促进其快速发展的做法可能在取得成绩的同时也付出巨大代价;(3)制定倾斜性的产业政策时,为降低其副作用,尽量增强其科学性,要尽可能广泛地吸取各界人士的意见和建议;(4)后发国家在产业政策执行过程中,应尊重市场规律,摆正政府、市场、企业和企业家的角色,厘清广义政府和广义市场的关系,处理好公私部门间的关系,充分承担和发挥各自的责任和优势;(5)产业政策作为后发国家等实施赶超或竞争战略的手段,应随着条件成熟,考虑转型退出,加强竞争政策的作用。

主要特点	经验教训
(1)以促进经济发展为终极目标,将提升经济增长能力的情况作为判断产业政策好坏的首要标准; (2)善于识别经济前沿并把握未来的产业发展重点,适时调整产业政策,推动产业结构不断优化; (3)以政府全方位介入和政策倾斜为主要手段,将政府作为产业发展规划的主导力量; (4)以战略性产业和大型企业为重点内容,通过提供优惠政策、金融倾斜、干预企业重构等方式扶持重点企业。	(1)产业政策的制定和实施必须在开放条件下进行,同时要合理利用国际分工和产业转移趋势,顺势而为; (2)特定时间内通过对特定产业或企业进行倾斜性扶持的方式来促进其快速发展的做法可能在取得成绩的同时也付出巨大代价; (3)制定倾斜性的产业政策时,为降低其副作用,尽量增强其科学性,要尽可能广泛地吸取各界人士的意见和建议; (4)后发国家在产业政策执行过程中,应尊重市场规律,摆正政府、市场、企业和企业家的角色,厘清广义政府和广义市场的关系,处理好公私部门间的关系,充分承担和发挥各自的责任和优势; (5)产业政策作为后发国家等实施赶超或竞争战略的手段,应随着条件成熟,考虑转型退出,加强竞争政策的作用。

图 4-5 韩国产业政策的特点及经验教训

第五章 我国产业政策：总结与回顾

改革开放以来，中国经济的成长史，就是一部产业政策不断优化的实践史。无论国内外学术上对实施产业政策持什么样的观点，产业政策在促进我国经济不断迈向高质量发展中发挥了重要的作用。当然，随着供给结构和需求结构的不断变化，各主体利益诉求多元化，产业政策也要做出科学调整。在这样一个市场规模巨大、不同区域发展水平又存在差异的客观现实中，中国产业政策不应该讨论有和无的问题，如何实施更加科学的产业政策才是一个永恒的课题。本书所提及的产业政策，是指自1978年之后开始实施的相关政策。

表5-1 我国部分重要产业政策回顾（1978—2016年）

发布时间	文件名称	主要内容
1978年	《中共中央关于加快工业发展若干问题的决定》	提出将燃料、动力、原材料工业和交通运输行业的发展放在突出地位。
1980年	《国务院关于加强现有工业交通企业挖潜、革新、改造工作的暂行规定》	工业交通生产的增长，国内市场和出口商品的增加，资金积累的增加，要主要依靠现有企业潜力的挖掘来实现，要在资金、物资、外汇、项目审批等方面优先考虑现有企业改造的需要。
1981年	《关于制止盲目建设重复建设的几项规定》	提出了"十二个不准"，主要聚焦于治理重复建设的问题。
1986年	"七五"计划	主要涉及消费品工业政策、电力工业政策、煤炭工业政策、石油工业政策、原材料工业政策、机械电子工业政策、交通运输和邮电通信政策等政策。适当控制加工工业的增长；提升能源、原材料工业的发展速度和质量；优先发展交通运输和通信及建筑业；加快第三产业的发展。

续表

发布时间	文件名称	主要内容
1989年	《关于当前产业政策要点的决定》	我国第一份明确的关于产业政策的文件。明确提出集中力量和资源发展农业、能源、交通和原材料等基础产业,加强能够增加有效供给的产业,同时控制一般加工工业的发展,对第一产业、第二产业内部各行各业都确定了鼓励发展、限制发展和禁止发展的行业和产品。
1994年	《90年代国家产业政策纲要》	将机械电子、石油化工、汽车制造和建筑业列为四大支柱产业,大力发展农业、基础设施和基础工业以及对外经济贸易。
1994年	《汽车工业产业政策》	把汽车工业培养成国民经济支柱产业。促进产业组织合理化,实现规模经济。
1995年	《外商投资产业指导目录》	将外商投资项目具体划分为鼓励、允许、限制和禁止四类。
1996—1997年	机械、电子、建筑、交通、能源等专项产业政策	以机械工业为例,针对行业发展的薄弱环节,通过国家支持和资助研究开发,强制推行质量控制和认证标准,建立和完善市场竞争秩序,并扩大国际合作,加快机械工业实现根本性转变,并在国际分工中逐步占据重要地位。
1997年	《水利产业政策》	规范了各类项目的资金来源、管理模式,对水资源保护、水土保持、水污染防治、节约用水等方面做出了政策规定。政策的重点是扩大水利建设资金来源。
1997年	《当前国家重点鼓励发展的产业、产品和技术目录》	确立了国家重点鼓励支持的28个领域,共526种产品、技术及部分基础设施和服务。
2003年	《关于制止钢铁行业盲目投资的若干意见》《关于制止电解铝行业违规建设盲目投资的若干意见》《关于防止水泥行业盲目投资加快结构调整的若干意见》等	对钢铁、水泥、电解铝行业的产业政策和规划导向、市场准入管理、环境保护、信贷管理等做出了若干规定。

续表

发布时间	文件名称	主要内容
2005年	《促进产业结构调整的暂行规定》《产业结构调整指导目录》	明确了产业结构调整的方向和重点，详细列示了鼓励类、限制类和淘汰类产业目录。
2004—2006年	《汽车产业发展政策》《钢铁产业发展政策》《水泥工业产业发展政策》等	对汽车、钢铁、水泥行业的发展规划、技术政策、结构调整、准入管理都做出了说明。
2006年	《国务院关于加快推进产能过剩行业结构调整通知》	确定了推进钢铁、电解铝、电石、铁合金、汽车等产业过剩行业结构调整的总体要求和原则。
2008年	《循环经济促进法》	促进循环经济发展，重点提高资源加工和利用效率。
2009年	《十大侧重点产业调整与振兴规划》	制定了钢铁等十个重点产业调整和振兴规划，与之配套的实施细则达160余个。
2011年	主体功能区战略"9+1"政策体系	产业政策方面的导向是研究提出适用于不同主体功能区的产业指导目录及相关措施，明确提出要限制不符合主体功能定位的产业扩张。
2012年	《七大战略性新兴产业发展规划》	制定了节能环保等七大战略性新兴产业的发展目标和重大行动。
2012年	《钢铁产业生产力布局和调整规划》	有序推进与城市发展不协调的钢厂转型或搬迁。
2015年	《中国制造2025》	明确了未来10年中国制造业的发展目标以及推进的战略路径。在行业进入、监管、金融、财税、服务体系等方面都做出了重要的调整和突破。
2016年	钢铁、煤炭去产能有关政策	对新增产能进行严格控制，化解产能过剩实现行业脱困发展。

资料来源：作者根据中国政府网公开文件资料整理。

第一节 我国产业政策的阶段性特征

一、经济体制转型阶段，产业政策以鼓励重点产业发展为重点，政策手段具有比较明显的计划和行政色彩（1978—1991年）

这一阶段大的经济背景是，改革开放初期国民经济正处于转轨的状态，1984年党的十二届三中全会通过《关于经济体制改革的决定》，强调"要突破把计划经济同商品经济对立起来的传统观念，明确认识社会主义计划经济必须自觉依据和运用价值规律"。

在这一阶段，我国产业政策主要着眼于产业结构合理化，调整产业结构比例，强调产业政策是建设和改革的"结合部"。在具体执行过程中，根据调整对象的不同可以划分为两个阶段：第一个阶段是1978—1985年，这期间工业领域的产业政策侧重于加快发展轻纺工业，提高轻工业占整个工业的比重；第二个阶段是1986—1991年，侧重于解决一般加工工业生产能力过剩与基础产业发展严重滞后之间的矛盾，弥补基础产业缺口，支持重化工和能源交通基础设施建设，促进产业升级和对外开放。当意识到价格改革不能"孤军深入"，必须有配套改革后，产业政策开始在大幅压缩全社会固定资产投资规模、控制消费基金过快增长，克服经济过热现象方面发挥重要作用。通过梳理发现，这十几年间的产业政策主要呈现三个方面的特点：

一是产业政策实施主要以问题为导向。改革开放之初，国民经济比例失调的问题非常严重，迫切需要对产业结构做出重大的调整。这个时候产业政策具有非常明显的问题导向，重点就是解决产业之间、产业内部比例失调、循环不畅的问题。比如，1980年，对轻纺工业实行"六个优先"，将有限的资源用于支持国内轻纺工业加快发展，到1982年，轻工业落后的局面得到了彻底扭转。1978—1982年，轻工业年均增速超过10%，占工业比重提高到33%左右。1985年以后，加快能源、原材料工业发展，同时适度控制一般加工工业生产规模增速，着力解决当时出现的能源、交通、原材料的供给能力无法支撑加工工业的问题，目的是促使两者比例趋向协调。

二是侧重以选择性产业政策为重点的产业政策模式。鼓励发展短缺性产业，培育赶超型支柱产业和高技术产业，淘汰部分行业落后产能，鼓励发展第三产业。当时采取选择性产业政策，是从国民经济发展的实际出发的。经济处于转轨时期，政策体系处于摸索完善的过程中。但发展改革任务是非常繁重的，既有结构的任务，也有总量的任务，解决短缺问题，还要着眼于长远发展，那个时期的产业政策承担了推动改革、促进发展的双重任务，采取选择性的产业政策，是符合当时的需求和供给结构的，是根据当时要素资源禀赋做出的恰当选择。

三是由于发展阶段和发展任务的要求，为追求政策效应最大化，政策手段具有比较明显的计划和行政色彩。主要表现为：以项目审批为代表的行政准入政策手段仍然占主导位置，国家对于限制发展领域，坚持强化行政干预手段。比如，明确要求各地列出目录，按照限制生产、淘汰生产和重点保障三个类型，对产品生产进行调控。该问题涉及推行产业政策中的公共选择。20 世纪 80 年代至 90 年代初期产业政策选择，影响因素主要还是部门地区的发展诉求、政府对经济的控制意愿等。之所以计划色彩重，主要是因为当时正处于经济转轨时期，价格机制、竞争机制、企业制度、宏观调控还不完善，各种市场还不健全，单单依靠市场力量难以实现快速发展的目标。虽然有着很强的行政色彩，但仍然考虑到了长期和短期的关系，以及国民经济总供给和总需求的动态匹配。

二、市场经济体制从确立到完善，产业政策手段日趋多元化，功能性政策的色彩日益明显（1992—2001 年）

这一阶段大的经济背景是，对中国特色社会主义的认识进一步深化，在 20 世纪最后的 10 年里，改革开放迈出了更大的步伐。1993 年，党的十四届三中全会审议通过《中共中央关于建立社会主义市场经济体制若干问题的决定》，成为深化改革的纲领性文件。农村产业结构调整、国有企业改组改造、中国加入世界贸易组织在中国特色社会主义经济建设实践中留下了浓墨重彩的一笔。

90 年代开始，在前期积累和探索的基础上，改革开放步伐明显加快，各方面制度日益成熟规范，产业政策由直接干预向侧重引导转变，更多采用了经济、法律、行政等多种手段。1992 年，专门针对发展第三产业制定了相关政策，主要考虑是服务业投资少、收效快，在解决就业、提高人民生活水平等方面具有重要作用。在这一阶段，计划手段开始淡出，财税、信贷、价格等经济手段成为引导产业发展的主要手段，并主要呈现如下特点：

一是重视发展第三产业。积极促进第三产业特别是劳动密集型第三产业发展，是这个时期产业政策的重要内容。发展服务业被提上日程，是前期工业化积累之后的必然选择，也为今天服务业的繁荣奠定了基础。这个时期的政策导向是提高服务业在国民经济中的比重，为此采取了很多鼓励行业发展的举措，比如，允许服务业企业兼并应关停并转的工业企业，在债务清理、信贷和税收等方面给予政策支持。简化有关审批手续和开办企业的程序。当然，受限于当时的经济发展水平，第三产业发展还是限于批发零售住宿餐饮等行业，生产性服务业的高速发展尚未开始。

二是追求产业的附加值提升。 着眼于实现资金供需平衡，为经济发展积累所需资金。当时的基础产业利润率偏低，有的甚至亏损，亟须挖掘一些市场需求大、技术创新潜力大的产品附加值。当时重点鼓励了四类产品。第一类是装饰性建筑材料，主要是满足居民住宅需求和品质改善。第二类是家庭耐用消费品。第三类是以电子计算机为代表的投资性机械设备产品。第四类是投资性中间产品，涉及基本化学原料、化学药品原药等。通过产业政策在生产领域的区别性引导，对规模经济明显的产品，通过优化企业组织结构获取规模经济效益。

三是产业政策在促进企业组织优化方面发挥重要作用。 20世纪90年代中期，国有企业面临着较大的发展困难，国企脱困成为当时的一个重要任务。1999年9月，党的十五届四中全会审议通过了《中共中央关于国有企业改革和发展若干重大问题的决定》，强调国有经济布局调整、着力转换企业经济机制和加强企业的技术改造等，中央出台的指导意见，为政府具体实施产业政策提供了政策依据和遵循。

四是开始探索开放经济条件下产业政策的定位。 首先，随着对外开放的扩大和深化，指导产业政策实施的"幼稚产业保护理论"和"规模经济理论"正在丧失合理性与充分性。在争取加入世界贸易组织的过程中，可以预料的是，很难在该组织框架内采用传统手段对国内产业进行保护。此外，以行政手段形成规模经济，很容易助长垄断。产业政策转型的方向是规范交易制度、提供更为充分的信息。产业政策的着力点开始转向构建管理体制、建立市场秩序以及弥补产业组织架构缺陷等方面，为参与国际分工积极创造条件。这一时期，关于政策制定的理论探讨也较为密集，制度经济学和福利经济学的一些思路对制定产业政策产生了一些启发作用。

三、社会主义市场经济体制基本建立，与之相适应的产业政策更注重实现中长期目标，产业政策的功能性得到重视（2002—2008年）

这一阶段大的经济背景是，经济体制改革继续深化，党中央提出科学发展观，着力在经济社会领域化解结构性矛盾、解决增长方式粗放问题。"十五"计划顺利完成，"十一五"规划提出了"六个必须"的原则，"强调坚持以科学发展观统领经济社会发展全局，把科学发展观贯穿到改革开放和现代化建设全过程"①。

这一阶段的经济实践越来越丰富，加入世界贸易组织之后投资、出口的拉动作用十分明显，特别是贸易领域出口需求叠加要素比较优势，工业化向中后期迈进。产业政策的目标是逐步形成以农业为基础、以高技术产业为先导、以基础产业和制造业为支撑、服务业全面发展的产业格局。我国产业政策主要呈现如下特点：

一是节能、环保的重要性和约束性在产业政策制定中越来越受到重视。商品短缺的状况结束，产业政策在促进发展的同时，要考虑到环境的可持续性，产业技术政策开始得到广泛的应用，成为推动产业转型升级特别是淘汰落后生产能力的重要抓手。2005年开始，取消或降低高耗能高排放行业产品的出口退税的力度不断加大。按照"技术倒逼"的思路去治理化解过剩生产能力，是产业政策向功能性转变的一个明显的特征和标志。政策导向强调要"综合运用经济、法律和必要的行政手段，依法关闭产品质量低劣、浪费资源、污染严重、不具备安全生产条件的厂矿；淘汰落后设备、技术和工艺，压缩部分行业过剩生产能力"②。

二是产业布局政策更加精细化，注重差异化。主要是在"西部大开发"战略、"东北振兴"及"促进中部崛起"的区域政策框架下，产业政策与区域政策对接，根据不同地区经济发展的特点，促进某些地区支柱产业、产业功能带成长，对地区产业结构调整方向进行整体协调。国家产业政策根据我国不同地区之间客观存在的产业比较优势，探索实施必需的支持和倾斜政策。比如，东部沿海产业带，细分为珠江三角洲产业区、海峡西岸产业区、长江三角洲产业区、胶东半岛产业区、京津唐产业区，重点是推进产业结构优化升级，发展先进的加工制造业，打造金融、航运、贸

---

① 《中共中央关于制定国民经济和社会发展第十一个五年规划的建议》。
② 《中共中央关于制定"十五"计划的建议》。

易等现代服务业中心、高新技术研发和生产中心。

四、国际金融危机以来的产业政策（2009年至今）

这一阶段大的经济背景，从2009年至2011年，有效应对国际金融危机负面影响，在"后危机时代"保持了国内经济平稳增长。2012年党的十八大以来，经济发展进入新常态，结构调整、转型发展、高质量发展成为重要的导向。2013年，党的十八届三中全会通过了《中共中央关于全面深化改革若干重大问题的决定》。2015年，中央开始部署推进供给侧结构性改革。经济领域建设更加注重发挥市场在资源配置中的决定性作用，更加注重结构调整和质量提升，中国特色社会主义经济建设实践内容更加丰富。

这一时期的产业政策，短期来看是应对国际金融危机对国内产生的负面影响，中长期来看是侧重于提升产业发展质量，产业政策作为供给侧结构性改革的重要手段，对调整优化产业结构发挥了重要作用。这一阶段有几个值得持续深入研究的重大标志性案例，一是主体功能区规划的出台，标志着产业布局政策的系统性、先进性达到了一个新的高度。二是金融危机时期的产业振兴政策，笔者认为，这类政策在稳定预期、避免经济衰退中发挥了极为重要的积极作用。三是去产能。整个去产能阶段无论从前期趋势判断还是到后期政策执行，都体现了社会主义市场经济体制集中力量办大事的优势。自2018年后，关键核心技术"卡脖子"问题开始凸显，为确保产业链供应链安全、稳定已成为产业政策的重要目标。产业政策如何服务于畅通国内经济循环，构建"双循环"发展格局，成为一个重要的命题。这时期的产业政策主要有如下特点：

一是政策目标更加明确和长期化。主要表现为：产业政策目标转向为构建产业新体系、推动产业迈向中高端水平，相对短期目标而言，这一目标更具有战略意义，是一个长期性目标。要完成这个长期目标，产业政策必须根据新的环境和战略部署，在政策作用对象、政策工具和政策作用机制等方面及时进行调整。比如，过去是大规模生产和组装技术改进，中长期则要在复杂产品集成、基于多科技的核心零部件等领域给予扶持。在产业组织政策方面，注重支持"隐形冠军"企业，引导其在关键核心技术、先进工艺等领域开展深耕细作。

二是功能性产业政策显著加强。更加重视差别化政策以及对知识产权保护，鼓励创新并不断完善有关激励机制，重视质量监管和标准建设等事后监管的方式。产业政策的内涵和外延都在发生变化，产业政策与创新政策、激励政策的交集越来越多，相比于按照产业结构、组织、布局和技术的分类标准，功能性产业政策致力于组织合理化、创新激励的导向更为明显，已成为再平衡背景下产业政策的基本取向。出现这种转向，客观原因是中国工业化阶段的自然演进。在工业化初期和中期，赶超的需求是排在第一位的，选择性产业政策满足了这种需求。进入工业化中后期，人力资本要素、制度优势发挥等因素在经济增长中的贡献越来越大，产业政策的参照系发生了变化，决定着政策导向必须随之进行调整。

三是政策手段不断调整创新，在限制性领域仍然具有一定行政干预色彩。 主要表现为：一方面，支持性政策手段加快创新，通过市场化方式引导产业发展成为重要政策手段；另一方面，限制类产业政策仍然具有较明显的行政干预色彩，政府对特定行业采取准入制，除对环境、安全方面的标准做出具体规定外，还对产能与工艺等技术经济指标等设定了一系列具体的参数，具有行政管理色彩。

第二节 我国产业政策的成效评价

总体而言，我国产业政策在促进产业结构升级，加快产业技术进步两大方面发挥了重大的积极作用。并随着实践的不断深入以及探索的不断深化，产业政策在实施方式、管理水平方面取得了很大的突破。以主体功能区规划为例，其中的产业政策体系明确提出要实施差异化的政策，对不同功能区要因地制宜并且坚决不允许不符合功能区定位的产业发展，这是我国产业政策实施历史实践中的一次大胆创新，对于促进功能区产业发展、可持续发展起到了关键作用，也诠释了如何将选择性产业政策和功能性产业政策有效结合。

我国经济发展同样高度依赖产业政策的推动，产业政策在壮大经济总量、不断提升我国在世界经济中的位势方面起到了不可替代的积极作用。伴随着经济进入新常态，要素结构、需求结构相继发生变化。国际金融危机的冲击以及中美经贸摩擦等，使得我国内外需不平衡、增长动力不协调、产业结构不合理等问题进一步显现，产业政策与经济发展不相适应的矛盾开始凸显，产业政策亟须与时俱进，不断优化。

一、我国产业政策的积极作用

制造业实现了快速发展。一个显著的结果就是,中国制造业总量位居世界第一位。中国加工制造能力得到极大提升,彻底告别商品短缺。制造业门类齐全,在国民经济的比重稳定在28%左右,较为有效地支撑了经济社会发展需要。

表5-2 制造业增加值国际比较　　　　单位:亿美元

年份	中国	法国	英国	日本	美国
2004	6252	2684	2682	10272	16098
2005	7337	2690	2694	10293	16939
2006	8931	2719	2784	9792	17951
2007	11497	3090	3017	9968	18473
2008	14757	3241	2812	10795	18032
2009	16119	2849	2207	10016	16951
2010	19243	2729	2364	11875	17890
2011	24214	2975	2517	12109	18577
2012	26901	2781	2533	12240	19197
2013	29353	2911	2669	10021	19818
2014	31842	2932	2873	9570	20423
2015	32025	2544	2724	9136	21189
2016	31531	2541	2451	10204	20959
2017	34603	2631	2394	10117	21799
2018	38685	2758	2529	10280	23172

资料来源:世界银行。

促进产业结构优化升级。改革开放初期,针对重工业过重的畸形产业结构,我国出台了一系列产业政策,大力发展劳动密集型产业,这使得我国产业结构性问题得到缓解。到90年代中后期,我国进入了重化工业加快发展的关键时期,国家又适时提出发展机械电子、汽车、电子、建筑等支柱产业的政策,使得相关产业快速发展。

表5-3 各产业占国民经济的比重　　　　单位:%

年份	第一产业	第二产业	工业	建筑业	第三产业
1980	29.63	48.06	43.92	4.28	22.31
1981	31.32	45.97	41.89	4.21	22.71

续表

年份	第一产业	第二产业	工业	建筑业	第三产业
1982	32.79	44.62	40.63	4.12	22.59
1983	32.57	44.23	39.84	4.51	23.20
1984	31.54	42.93	38.69	4.37	25.53
1985	27.93	42.71	38.23	4.61	29.35
1986	26.64	43.51	38.56	5.08	29.85
1987	26.32	43.32	37.96	5.48	30.36
1988	25.24	43.52	38.30	5.35	31.24
1989	24.61	42.50	37.98	4.63	32.89
1990	26.58	41.03	36.58	4.57	32.38
1991	24.03	41.49	36.98	4.62	34.48
1992	21.33	43.12	38.02	5.21	35.56
1993	19.31	46.18	39.94	6.36	34.52
1994	19.47	46.16	40.19	6.10	34.36
1995	19.60	46.75	40.79	6.09	33.65
1996	19.33	47.10	41.12	6.12	33.57
1997	17.90	47.10	41.43	5.81	35.01
1998	17.16	45.80	40.07	5.86	37.04
1999	16.06	45.36	39.77	5.72	38.58
2000	14.68	45.54	40.15	5.52	39.79
2001	13.98	44.79	39.56	5.36	41.22
2002	13.30	44.45	39.25	5.33	42.25
2003	12.35	45.62	40.29	5.47	42.03
2004	12.92	45.90	40.64	5.39	41.18
2005	11.64	47.02	41.62	5.55	41.34
2006	10.63	47.56	42.03	5.67	41.82
2007	10.25	46.88	41.35	5.68	42.87
2008	10.17	46.97	41.26	5.89	42.86
2009	9.64	45.96	39.62	6.51	44.41
2010	9.33	46.50	40.07	6.61	44.18
2011	9.18	46.53	39.99	6.75	44.29
2012	9.11	45.42	38.79	6.85	45.46
2013	8.94	44.18	37.50	6.90	46.88

续表

年份	第一产业	第二产业	工业	建筑业	第三产业
2014	8.64	43.09	36.24	7.05	48.27
2015	8.39	40.84	34.11	6.93	50.77
2016	8.06	39.58	32.88	6.90	52.36
2017	7.46	39.85	33.07	6.96	52.68
2018	7.04	39.69	32.75	7.12	53.27
2019	7.10	38.60	31.60	7.20	54.30
2020	7.65	37.82	30.81	7.18	54.53

注：根据统计局公开数据计算，按照GDP现价计算所得。

加快推进产业技术进步。 1978年以来，国家致力于扩大开放、引进技术出台了一揽子促进产业技术进步的政策举措，比如，多次对产业结构目录进行动态调整，引导产业发展方向。这些政策对于我们在产业技术方面加快发展、缩小与发达国家的差距方面起到了重要作用。我们在一批重大技术装备的核心技术和关键技术方面取得了积极成果，比如，在载人航天、深海潜器、北斗导航等战略性高技术领域取得重大突破，在大型装备制造、新一代信息技术等方面赶上了世界平均水平。

尊重规律的产业政策发展理念深入人心。 产业政策不断推进，人们越来越意识到，只有遵循客观规律，产业政策才能在市场和政府中游刃有余。改革开放以来成功的产业政策，首要的前提就是尊重经济发展的客观规律，充分考虑到工业化所处的实际阶段，实事求是，同时重视差异化管理，考虑不同地区的具体特点。

对产业政策的调整本身就有助于对经济特征、需求做出科学判断。 我国产业政策的问题导向是非常鲜明的，这一点与欧美国家不同。很多产业政策从诞生之初，就要首先解决产品短期问题，然后再去满足中长期发展的目标。在物资短缺的阶段，要先解决基础产业供给能力不足的问题，否则，"短板效应"就会制约经济全局的改善。在各方面供给能力得到充分提高后，产业政策则要着眼于提升发展质量。整个产业政策的制定过程，都经历了大量的基础性研究，对经济领域中的各类现象做出科学判断。

二、我国产业政策面临的问题

我国所处的发展阶段，决定了产业政策所承担的功能日益复杂，产业政策的科学性、有效性、完备性始终是一个长期目标，不可能一蹴而就，毕其功于一役。产业政策优化的过程，也是一次次经济实践和探索的过程。

一是产业政策的功能定位有待进一步明确。产业政策功能定位模糊，导致政策目标难以确定，往往因为宏观经济形势发生变化而出现摇摆，从而导致政策调整的随意性较大，市场不确定性增加。以产业政策为中心的经济发展政策体系还没有真正建立，导致产业政策和其他政策之间的协调难度非常大，特别是在应对复杂局面的情况下，产业政策有的时候被弱化和虚化，原因还是对政策本身应该处于什么地位没有一个统一、明确的界定。

二是产业政策总体上看还是过于泛化。我国产业政策存在数量过多的问题，碎片化倾向较为明显，产业政策政出多门、相互抵消、不相协调的现象依然存在，直接导致产业政策效果有所下降。针对产业政策和竞争政策协调的机制和办法还不够具体化，目前只是在认知层面强调竞争政策的重要性，但是在具体执行层面，还尚未开始产业政策向竞争政策的过渡。

三是统筹协调力度不够，力量过于分散，难以形成真正合力。制定产业政策的权力散落在不同部门，事实上形成了一种条块分割体制，由于牵头部门与参与部门层级相同，在产业政策制定过程中往往要在统筹协调上花费大量时间，协调的效果也不理想。这种现象背后的根源在于制定产业政策的主体受限于部门视野，从理性人角度看，很难要求政策制定者突破各自部门的藩篱，自发地站在更高的层面去思考问题。

第三节 几点经验启示

最大的启示就是，产业政策要坚持问题导向，要有明确的定位。在再平衡背景下，稳妥推进产业政策转型，提高要素效率，持续释放助推经济持续健康发展的新动能，产业政策就要着力提升精准能力。要在具体的实践中做到政策目标明确、政策边界清晰、政策着力点精确。

一、明确政策目标

我们正在讨论的产业政策的转型，绝不是按照一些西方学者的逻辑对具有争议的传统政策进行批判或者否定。产业政策转型，就是要在经济实践中结合本国经济特点，因地制宜，实行差异化管理，进而不断增强产业政策的功能性。即政府加强市场软、硬件方面的建设，创造公平、高效的市场环境，使市场的功能得到充分发挥。产业政策的转型首先要做到"目标明确"。而要达成这一切目标，要求产业政策必须着眼于、有助于释放准确的价格信号。

产业政策转型的最终目标是：要让要素价格信号精准，在完备的市场体系中充分发挥引导作用。有助于构建一个公正公平的市场环境，产业政策要保证市场环境的优化，支持企业创新。有效构建推进市场经济体制运行的制度框架与微观基础，最大限度地激发微观经济主体的活力与主观性。在构建"双循环"新发展格局的背景下，产业政策要有助于提升供给对需求的适配性。

二、厘清政策边界

产业政策转型，核心是要有清楚的边界。政府不是替代企业决策和选择产业，而是在与市场、企业不断磨合的实践中摸清楚一个结构性的方向。一个具体的投资机会应该由市场主体根据自己的经验判断和主观意愿，在公平的市场中进行选择。产业政策一定要与宏观调控政策有所区别，不能混淆、混同，造成概念性错误。

产业政策转型的政策边界是：客观规律是最大的边界，要符合要素定价且不去具体干预市场主体的经营活动。产业政策有不同的类型，要处理好实体与虚拟、传统与新兴、产业内存量与增量之间的关系。产业政策不是宏观调控政策，要处理好宏观经济政策与产业政策的关系，避免政策交叉、相互抵消。产业政策、财政金融政策要立足于服务型结构的现实，以促进要素升级和知识生产配置为首要任务，充分重视结构性、全面性和前瞻性的政策设计。

三、找准政策着力点

产业政策转型，关键是在战术层面找到切实可行的着力点，否则，结构调整的持久战不可持续。政策要当好市场的"守夜人"，在净化产业投资环境、提升监管水平、鼓励支持创新等方面出台若干叫得响、立得住、可操作的具体措施，确保改革在微观层面见到实效。产业政策的转型做到"有的放矢"。

产业政策的转型的着力点是：以产业政策转型，促进竞争政策基础地位的确立。致力于促进要素禀赋结构升级，培育比较竞争优势，缩小与发达国家的差距，提高产业在资本、技术、劳动力、科技等方面的竞争力。

减少"重点支持"类的选择性政策，重点培育产业发展创新的优良环境，从部门倾斜的政策向横向协调的政策转移，同时通过市场规制政策与其他政策、制度相结合，来促进竞争、鼓励创新。

四、坚持问题导向

2018年之后，关键核心技术"卡脖子"问题开始凸显，核心技术基础研发能力不足与产业链供应链安全之间的矛盾亟待解决。产业技术政策要在锻造产业链长板、补齐产业链短板方面发挥重要作用。直接的技术政策包括，资助研究开发，建立产学研联盟，激励科研人员创新等，侧重于攻克具有重要战略意义但是民营企业又无力承担的技术，取得关键突破后再交给市场，实现产业化发展。也有一些间接政策，虽然不是为了直接实现技术进步，但也同样重要。

坚持问题导向的着力点：在构建以国内循环为主、国内国际双循环相互促进的实践中，产业技术政策融合了产业政策与科技政策，对推动科技创新发挥重要作用，助力构造双循环发展格局具有重要意义。要致力于维护产业链供应链安全，对产业技术政策的内容进行系统重塑和再造。我国产业技术政策存在政策功能定位、政策内容体系和政策执行目标三个方面的缺陷，具体体现在产业技术政策创新资源配置的强选择性被扭曲、产业共性技术政策内容的缺失使得产业创新生态系统和产业链的安全性支持不足、产业技术政策的执行过程中偏离公平竞争秩序等多重后果。在新的发展模式下，我国产业技术政策应着力弱化产业技术政策的强选择性，着力构建产业技术创新政策的选择性和功能组合的双重平衡体系，并在支持产业创新生态系统和产业链整体转型的同时，需要建立和完善产业共性技术创新支撑体系，加大产业链创新链的协同支撑力度，并执行基于竞争中性原则的政策价值取向，以恢复公平竞争。

具体来看，就是要加强对企业、个人、科研机构、科研人员知识产权的法律保护，以良好的法制环境促进研发创新和新兴产业发展。改革科研体制，促进产学研结合，实现科技成果顺利转化以及红利按智力贡献进行分配。加强技术引进的管理消化和推广工作，对引进国外先进技术要严格在使用基础上进行消化吸收并进行创造。

第六章 产业政策与竞争政策

"完善公平竞争制度""强化竞争政策基础地位"在党的十九届四中全会被明确提出和强调。竞争属于微观市场主体的行为，但是竞争政策则属于国家政策范畴，核心要义就是发挥竞争对经济运行、经济循环的促进作用，让市场充满竞争，各主体良性互动。关于竞争政策与产业政策的关系，近年来成为学术界研究的热点，尽管不同学者的观点不尽一致，但对于运用多种手段促进高质量发展的认识在不断深化。

第一节 竞争政策的主要内容

本节涉及竞争政策内涵和外延的讨论。竞争政策是指政府规制市场竞争行为的政策集合，主要包括反垄断、反不正当竞争及竞争政策审查三方面内容。

关于反垄断，经济学讨论的垄断内容涉及自然垄断、市场垄断，广义的垄断还包括行政垄断以及法定垄断等。我们通常提及的反垄断多数是指自然垄断和市场垄断。比如，规模经济容易导致自然垄断，垄断形成之后容易造成"非他不可"的局面，这就需要通过完善监管规则、规范企业行为、畅通消费者维权渠道等方式破除垄断影响。

关于反不正当竞争，《中华人民共和国反不正当竞争法》规定，不正当竞争行为是指经营者在生产经营活动中，违反本法规定，扰乱市场竞争秩序，损害其他经营者或者消费者的合法权益的行为。由此可见，"维护市场秩序"是反不正当竞争的核心目标，但是，其难点在于不正当竞争的行为很难去界定，有的行为十分隐蔽，由于维权成本高，受害方有时候采取"息事宁人"的态度。

关于竞争政策审查，《公平竞争审查制度实施细则（暂行）》规定，行政机关以及法律法规授权的具有管理公共事务职能的组织（以下统称政策制定机关），在制定市场准入、产业发展、招商引资、招标投标、政府采购、经营行为规范、资质标准等涉及市场主体经济活动的规章、规范性文件和其他政策措施（以下统称政策措施）时，应当进行公平竞争审查，评估对市场竞争的影响，防止排除、限制市场竞争。

回顾这三方面的内容，可以发现，维持公平竞争不是一件容易的事情，从反垄断、反不正当竞争到公平竞争审查等，都具有很强的专业性。

第二节 竞争政策与产业政策的关系

当前，关于竞争政策与产业政策的关系，学术界并没有达成统一的认识。很多观点还在碰撞，但这不妨碍政策的实施和作用的发挥。

第一类观点认为竞争政策是产业政策进化转型后的结果。持这种观点的人认为，竞争政策是产业政策的升级版。对一个经济体而言，特别是新兴经济体，做大总量之后，就要着重于完善各类制度，这种观点是有扎实的经济实践作为基础和支撑的。也就是说，在做大总量的时候，效率是让位于速度的。在做强质量的阶段，速度则要以高效率为前提。从这个意义看，竞争政策在各类政策体系中具有基础性地位是经济社会发展的必然结果。

> 1. 稳步推进自然垄断行业改革。深化以政企分开、政资分开、特许经营、政府监管为主要内容的改革，提高自然垄断行业基础设施供给质量，严格监管自然垄断环节，加快实现竞争性环节市场化，切实打破行政性垄断，防止市场垄断。构建有效竞争的电力市场，有序放开发用电计划和竞争性环节电价，提高电力交易市场化的程度。推进油气管网对市场主体公平开放，适时放开天然气气源和销售价格，健全竞争性油气流通市场。深化铁路行业改革，促进铁路运输业务市场主体多元化和适度竞争。实现邮政普遍服务业务与竞争性业务分业经营。完善烟草专卖专营体制，构建适度竞争新机制。
>
> 2. 营造支持非公有制经济高质量发展的制度环境。健全支持民营经济、外商投资企业发展的市场、政策、法治和社会环境，进一步激发活力和创造力。在要素获取、准入许可、经营运行、政府采购和招投标等方面对各类所有制企业平等对待，破除制约市场竞争的各类障

碍和隐性壁垒，营造各种所有制主体依法平等使用资源要素、公开公平公正参与竞争、同等受到法律保护的市场环境。完善支持非公有制经济进入电力、油气等领域的实施细则和具体办法，大幅放宽服务业领域市场准入限制，向社会资本释放更大发展空间。

3. 全面落实公平竞争审查制度。完善竞争政策框架，建立健全竞争政策实施机制，强化竞争政策基础地位。强化公平竞争审查的刚性约束，修订完善公平竞争审查实施细则，建立公平竞争审查抽查、考核、公示制度，建立健全第三方审查和评估机制。统筹做好增量审查和存量清理，逐步清理废除妨碍全国统一市场和公平竞争的存量政策。建立违反公平竞争问题反映和举报绿色通道。加强和改进反垄断和反不正当竞争的执法，加大执法力度，提高违法成本。培育和弘扬公平竞争文化，进一步营造公平竞争的社会环境。

4. 健全外商投资国家安全审查、反垄断审查、国家技术安全清单管理、不可靠实体清单等制度。

5. 修订反垄断法，推动社会信用法律建设，维护公平竞争市场环境。

——摘编自《中共中央 国务院关于新时代加快完善社会主义市场经济体制的意见》

第二类观点认为产业政策与竞争政策是相互冲突的。持这种观点的人认为，产业政策本质上是助长了垄断，是政府对市场规律的替代，因此产业政策和竞争政策天然就是矛盾的。该观点的不正确之处在于，对产业政策目标存在理解上的偏颇。运用产业政策实现赶超的情景，有一个大的前提，就是资源极度稀缺，单靠市场的力量短期内很难达到预期目标。即产业政策与市场竞争并不矛盾。

第三类观点认为产业政策和竞争政策是交叉的，两者的交集是后工业化时代经济体最理想的政策。产业政策中的功能性产业政策，是符合竞争政策理念的。当前很多欧美国家实施功能性产业政策，本身就是本国鼓励创新、鼓励竞争的一个重要手段。最为典型的就是美国对先进制造业的支持（见案例1）。

> **案例1 《2011年制造业报告》**
>
> 背景：美国总统科学技术顾问委员会（PCAST）在广泛讨论和深入研究的基础上，发布了《2011年制造业报告》。报告的核心内容是呼吁联邦政府层面高度重视制造业特别是先进制造业的发展。
>
> 报告在论述制造业关键作用的时候，涵盖了市场失灵理论以及维护美国国家利益等方面内容，从这两个视角去审视美国先进制造业的发展。报告认为，支持制造业并不是强势的"产业政策"，不是政府投资特定行业或企业，而是政府长期支持的"创新政策"的延续。（笔者注：尽管美国一直不承认自己实施了产业政策，并避免在官方背景的文件中提及"产业政策"一词，但支持制造业本身就属于产业政策的范畴，只是支持的方式方法不同而已）。
>
> 报告在中小企业协作、产学研结合等方面都提出了详细的政策建议，很多鼓励支持协作、合作的政策在本质上也属于竞争政策的范畴。
>
> ——摘编自《2011年制造业报告》

此外，以欧盟为代表，将产业政策和竞争政策有机协调，通过设立国家援助审查程序，实现了两者的兼容，为同时发挥两类政策的优势提供了借鉴（见案例2）。

> **案例2 欧盟国家援助审查程序**
>
> 国家援助审查程序，其权限属于欧盟委员会，同时受《欧盟运行条约》的监督。
>
> 对于国家援助行为，有四个类似负面清单的判定条件，如果同时满足这四个条件，相关行为就会被判定为与市场竞争相抵触。这四个条件分别是：（1）成员国政府以非市场的措施对市场主体予以支持；（2）对个别企业有利，减免了企业在正常市场条件下应该承担的相关费用；（3）给予特定企业或特定的商品以优惠，选择性非常明显；（4）扭曲了竞争、影响了正常的双边或多边贸易。
>
> 豁免原则：与受益企业本身获得的利益相比，国家援助更有助于实现欧盟的公共利益目标（如环保、教育和区域开发等），且不会对贸易条件和竞争造成不利影响，以致违背公共利益。

第六章　产业政策与竞争政策

> 动态更新：2018年，欧盟通过专项法律，允许两类国家补贴无须接受欧盟国家援助规则要求的审查。两个新增类别，一类是与欧盟集中管理的基金相结合的国家基金，比如"投资欧洲"基金和下一个研究创新框架计划资助的"卓越印章"项目，另一类是欧洲区域合作计划支持项目的国家基金。新法规将使成员国在未经欧委会事先批准的情况下直接为某些项目提供资金，有助于国家管理的基金和集中管理的欧盟基金顺利融合，改善欧盟资助计划与国家援助规则的互动关系。2014年，欧盟对《国家援助集体豁免条例》进行修订后，约有3/4的国家援助措施、约2/3的援助总金额被纳入审查豁免范围。而2016年数据显示，成员国实施的约95%的国家援助措施（年度总支出约为280亿欧元）获得豁免。2017年，欧盟再度对国家援助审查相关范围进行调整，豁免范围扩大至年客运量在300万人次的机场投资项目、总投资额在1.5亿欧元以下的海港项目和5000万欧元以下的内陆港口项目，并将小型文化项目、多功能体育场馆以及欧盟偏远地区项目的审查放宽。
>
> 资料来源：驻欧盟使馆经参处，http://eu.mofcom.gov.cn/article/jmxw/201812/20181202812894.shtml。

综上所述，产业政策与竞争政策是辩证统一的，两者有联系，也有区别，在一定条件下可以相互促进、相互转化。竞争政策可以通过抑制产业政策中"选择性"的成分发挥作用，促进"功能性"的成分发挥效力。在不同时期，两者的地位并不相同。

第三节　当前实施竞争政策面临的难题

中央经济工作会议明确指出："强化反垄断和防止资本无序扩张。加强规制，提升监管能力，坚决反对垄断和不正当竞争行为。"竞争政策的目标在于以竞争促进经济效率提升。与欧美等国家相比，我国经济发展所处的阶段不同，面临的情况也不同，在实施竞争政策方面也不能照搬现成的经验。上述客观因素意味着在我国实施竞争政策必将是一项系统工程，其中很多问题的解决也是一个"摸着石头过河"的过程。竞争政策需要顾及的内容很多，成因也各不相同。当前实施竞争政策面临着一些难题，如何解决这些难题，对政策设计、执法能力、执法力量、专业化程度都提出了非常高的要求。

一是执法力量不足，实施常态化监管的难度较大。虽然我国已经出台了相关的法律法规，但是执法力量不足，难以形成常态化监管全覆盖，这是一个客观难题。广义的执法力量不仅包括执法人数，还涉及执法效能、效率等方面。从发现不正当竞争或者垄断，到取证、执法、矫正，都是技术性非常强的工作，对经贸、法律等各方面的专业知识要求都非常高。此外，相关执法权限也分散在不同部门，在完善机制、形成执法合力方面还有较大的提升空间。

二是平台经济到达成熟阶段开始对实施竞争政策带来了挑战。平台经济是新业态，在创新商业模式、带动就业、便利人民群众等方面发挥了重要作用。但随着平台经济的发展到达成熟阶段，很容易在行业内形成事实上的垄断。叠加信息技术的门槛高、监管难等多方面因素，竞争政策治理平台经济所面临的难度是逐渐增大的。竞争政策强调依法监管，但法律的完善速度往往又滞后于商业模式创新的速度，进一步加大了监管难度。

三是竞争政策的国际协调说起来容易做起来难。当前竞争政策尚未在国际上形成完整的规则体系，逆全球化背景下各类经贸规则也处于重塑期，竞争政策的国际协调面临较大的不确定性。之所以难度大，是因为其背后的驱动力是各国都想强化对产业链的控制能力，都高度重视产业链供应链安全，不同立场相互碰撞，开展协调的成本是巨大的。

第四节　促进产业政策和竞争政策有效协调

建设现代化经济体系，离不开产业政策和竞争政策的协调，特别是我国当前经济正处于"量变"向"质变"过渡的关键时期，按照构建现代化经济体系的要求，有三个方面的着力点：一是破除制约市场发挥决定性作用的各类因素，确保各类要素按照市场价格信号实现高效配置；二是竞争以及政府对市场的影响，两者要能够实现兼容，产业政策在特定的时候要服从于竞争政策；三是要做好其他相关的配套政策。这就要求产业政策和竞争政策做好协调、配合，角色定位以及功能要非常明确。要避免产业政策被误用或滥用，同时也要防止产业政策在执行过程中的"失灵"。在平衡两者关系的同时，应着力做好以下四个方面的工作：

第一，明确产业政策实施的经济标准。要明确启动产业政策的相关标准，以有助于清晰界定什么是"市场失灵"。进一步减少扭曲价格信号的直接干预等措施,致力于形成国内统一大市场,构建灵敏的政策切换机制。根据不同地区工业化发展水平,把握好产业政策和竞争政策的关系,分时序推进产业政策转型,实现从产业政策向竞争政策的平稳过渡。

第二,完善产业政策实施的评价体系。产业政策精准实施,有助于促进竞争政策更好地发挥作用;反之,则会成为阻碍竞争政策发挥作用的"绊脚石"。在鼓励竞争、营造良好竞争氛围的前提下推行制定产业政策,以是否促进要素自由流动、实现供需动态平衡为标准对产业政策进行评价,否则,很难做到产业政策与竞争政策的融合、协调。在产业政策具体实施过程中,要注重构建及时纠偏机制,避免具体执行过程中出现"一刀切"的问题。

第三,加大对不正当竞争的惩罚力度。运用法治、行政等多种手段,加大不正当竞争的违法成本。对新经济新业态要实施包容审慎监管,根据平台发展阶段调整监管策略。强化"互联网+监管",提升运用大数据开展常态化监管的能力和水平。

第四,更加注重提升政策精细化水平。进一步完善"负面清单"制度,避免"清单"被滥用。明确产业政策和竞争政策的适用范围,根据不同产业类别、产业发展不同阶段分类把控政策重点,同时为政策动态调整预留出立法空间。

第七章 再平衡背景下的产业政策：转型方向与目标

与其纠结产业政策的存废问题，不如做好转型，特别是在构建双循环新发展格局背景下，如何更好地使用产业政策，使产业政策成为宏观经济政策的重要依托，在稳增长、调结构、惠民生等方面发挥重要作用。前文对发达经济体实施的产业政策进行了系统的总结和梳理，可见发达国家经济的成长史本质上就是一部产业政策进化史，产业政策的不断优化和创新，是推动经济可持续增长的前提。每一次产业革命孕育突破的前期，都伴随着产业政策的不断转型、探索和革新。

我国经济发展高度依赖产业政策的推动，对这一点，大概不会有太多的异议，产业政策在壮大经济总量、不断提升我国在世界经济中的位势方面起到了不可替代的积极作用。伴随着经济进入新常态，要素结构、需求结构相继发生变化，产业政策与经济发展不相适应的矛盾开始凸显，产业政策亟须与时俱进，不断优化。推动产业政策转型成为主动适应、把握和引领经济发展新常态的题中之义。

第一节 产业政策转型的必要性

"兵无常势，水无常形。"随着改革发展形势的变化，产业政策的观念、思路和工作重点也应改变，否则就会出现储备不足、方法不当等问题。

一、需求结构和要素结构的变化要求产业政策转型

从消费需求看，排浪式消费接近尾声，与其相适应的产业政策要转向鼓励个性化消费。以"老三大件"和"新三大件"为代表的模仿型排浪式消费是过去消费模式的主要特点，具有明显的浪潮式消费特征。这时的产业政策可以根据消费者随众性强、消费热点比较集中的需求特点，很快找

第七章 再平衡背景下的产业政策：转型方向与目标

到有效的政策着力点，一段时期内集中出台鼓励购买一类或几类商品的政策。目前，模仿型排浪式消费阶段已经基本结束，多样化、个性化消费成为主流。在信息不对称、消费个性化多样化的背景下，政策很难选择应该培育什么类型的消费品。

从投资需求看，传统产业投资相对饱和，与其相适应的产业政策要转向提升投资效率。聚焦重工业是传统投资需求的主要特点，包括上游产业投资和下游基础设施投资均带有"偏重"特点。这时的产业政策可以根据投资方向清晰、投资收益可预期的需求特点，很快确定政策支持的领域，一段时期内密集出台鼓励某一产业发展的政策。目前，大规模高强度的产业投资已经基本结束，同时，新技术、新产品、新业态、新模式的投资机会大量涌现。在传统产业投资效率逐步下降而新兴产业投资不确定性较强的情形下，产业政策更难确定哪些新业态、新产品、新模式可能成功并成为投资热点。

从资本、劳动力等要素条件看，拼要素投入、以量取胜的扩张路径受到制约，与其相适应的产业政策要转向让创新成为驱动发展新引擎。从现实情况看，通过依靠政府投资、出口退税和人为压低要素成本的方法参与国际市场竞争的传统出口导向型模式已经难以为继，受土地、人工和水电气等成本合理上涨、生态保护和污染治理成本加快内部化等因素的影响，企业利润空间被快速挤压。过去常用的一般性支持政策已经失去了相应的要素基础，其效应也随着要素规模驱动力的减弱而逐渐递减。当前，要素优势的发挥只有通过创新才能实现，产业政策只有聚焦培育创新引擎才能继续发挥积极作用。

从技术要素的供给层面看，引进技术并快速复制的模式受到限制，与其相适应的产业政策要转向优化新技术突破所需的市场环境。引进并快速复制国外先进技术是发展中国家产业实现"弯道超车"的重要经验。产业政策将要素比较优势与生产技术引进结合起来，解决了技术要素供给不足的问题。新一轮科技革命的特点是新技术不断孕育突破，新技术在产业领域应用推广的速度逐渐加快，但却没有可供借鉴的成熟经验。无论是发达国家还是发展中国家，都面临技术路径选择的不确定性问题，这就使得选择性产业政策失去存在的基础和前提。当前我国存在"高水平引进来"和"大规模走出去"的现象，随着技术、市场等因素的不确定性增强，越是新型技术和产业，实施选择性产业政策的困难和风险就越大，而产业政策在培育新技术产业化所需的市场环境方面的作用就日益凸显。

二、产业政策自身的纠错机制要求产业政策转型

产业政策只有与清晰明确的价格信号相结合才能继续发挥引领作用。传统产业政策通过实施免税、补贴、低利率、无偿供地等特殊优惠鼓励政策，一定程度上扭曲了市场价格信号发挥作用的机制，一些领域价格信号作用失灵，甚至产生不计成本、盲目扩张、重复建设，市场配置资源的能力受到了损害。产业政策的纠错机制就是要发挥市场配置资源的基础性作用，引领市场主体根据价格信号组织生产。

产业政策只有与"奖惩分明，公平竞争"的市场规则相结合才能继续发挥带动作用。受制于发展阶段、法治环境、配套制度等因素，传统的产业政策难以有效制约不公平竞争，劣币驱逐良币的现象依然存在。市场主体的违法成本低，缺乏强有力的监管，一些经济行为产生的外部性不能由责任主体承担，反而由所有参与竞争的市场主体共担，市场机制的正向激励作用受到了损害。产业政策的纠错机制就是要加强对不公平竞争或不正当竞争行为的制约，督促市场主体遵守市场规则。

产业政策只有与开放的市场环境相结合才能继续发挥集聚效应。区域发展的不平衡，本质上是产业政策在促进要素空间集聚方面难以真正发挥作用。传统产业政策往往制定技术路线图，或者忽略统一市场的建设，固化了产业自发调节转型的路径。一方面，指定的技术路线图无法兼顾地区差异，落后地区为了争取产业政策支持往往忽略了自身的比较优势。另一方面，忽视统一市场的建设，市场壁垒长期客观存在，要素无法自由流动，产权保护、市场体系、市场准入、信用体系、市场监管等制度仍有待健全。产业政策的纠错机制就是要打破壁垒，构建促进区域协调发展的长效机制。

第二节　关于经济再平衡的讨论

为更加系统地阐释经济再平衡的内涵，本节首先对与中国经济再平衡相关的观点进行了梳理总结：

观点一：从市场制度视角来分析中国经济再平衡，认为中国经济再平衡重点在于完善市场机制，尤其是解决要素市场扭曲问题。比如，彼得森国际经济研究所的尼古拉斯·拉迪和尼古拉斯·博斯特认为中国经济再平衡的关键是让市场来决定利率、汇率和能源价格。福本智之和武藤一郎认

为中国应借鉴20世纪70年代日本的经济再平衡经验，用协调方式来纠正要素成本的扭曲。复旦大学的袁志刚则认为，结构性调整是当前中国经济转型最重要的任务，需深入推进劳动力市场、土地市场和金融市场改革。

观点二：从经济增长动力视角来分析中国经济再平衡，认为要实现中国经济再平衡，关键在于从出口拉动向内需拉动转变，由投资驱动向消费驱动和创新驱动转变。比如，杜大伟认为，中国经济正在经历再平衡的过程，要降低投资率，实施以创新为增长源泉、以消费为需求来源的新型经济增长模式。斯蒂芬·罗奇认为，中国经济要改变过去的增长模式，由出口和投资拉动模式转变为以国内私人消费拉动为主的模式。刘鹤认为，中国经济再平衡的实质就是从外需导向内需导向转变，提高消费对经济增长的贡献率。刘世锦认为，中国经济要实现转型再平衡，需要解决三方面问题：一是通过进一步放开准入门槛的办法来稳定需求；二是通过实施配额制来削减过剩产能；三是转变增长方式，提高增长效率，培育新的经济增长点。

观点三：从产业结构的视角来分析中国经济再平衡，认为中国经济要实现再平衡需从以制造业为主导的产业结构转向以服务业为主导的产业结构。比如，斯蒂芬·罗奇认为，中国应通过发展新兴服务业来创造就业岗位，由以制造业为主体的出口和投资拉动模式转变为以服务业为主导的经济结构。尚福林等认为，在经济再平衡过程中，服务业对经济增长的贡献率需要同步提高。

观点四：从供需结构平衡的视角来分析中国经济再平衡，认为推进中国经济再平衡应该优化供给体系，升级需求体系，促进供给平衡。比如，刘鹤强调要不断优化供给体系，持续升级需求体系，并且使金融体系更加适配。杨英杰认为应加强供给侧结构性改革，通过"去产能"消除无效供给，通过体制创新创造有效供给，实现供求关系新的动态平衡。

观点五：从实体经济与虚拟经济关系的视角来分析中国经济再平衡，认为中国经济再平衡要解决实体经济与金融失衡的问题，防范房地产泡沫。比如，杨英杰认为当前中国经济存在房地产和实体经济失衡、金融和实体经济失衡的重大结构性失衡。要实现中国经济再平衡重点在于将金融资源真正用于实体经济，去杠杆去库存化解房地产市场风险。刘卫平认为要进一步优化实体经济和虚拟的比例结构，提高金融为实体经济服务的效率。斯蒂芬·罗奇认为，即使会付出一定的代价，中国也应该有策略地进行政策调整，解决过度杠杆化和房地产泡沫等问题。

观点六：从国际收支的视角来分析中国经济再平衡，认为中国应该减少经常账户盈余，缓解国际收支失衡现状，促进全球经济再平衡。比如，张明认为全球经济再平衡有赖于主要失衡国的集体努力，中国应改变国民收入初次分配失衡现状，加快要素价格市场化改革，完善人民币汇率形成机制，取消扭曲性出口激励政策。刘鹤认为经常项目顺差占 GDP 的比重持续降低，进口数量不断扩大，巨大的国内市场正成为全球市场的主要组成部分，对中国和世界经济都产生重大影响。

观点七：认为中国经济不需要再平衡。比如，北京大学的蔡洪滨认为，中国经济不需要再平衡，刺激消费、抑制投资，鼓励服务业、抑制制造业的再平衡并非中国经济最重要的工作。中国经济可持续发展主要依靠提高投资效益，促进人力资本积累，全面提升创新能力。中国建设银行首席经济学家黄志凌认为，中国经济需要降低投资比重，减少出口依赖，提高消费比重，"去产能""去杠杆"的观点是错误的。正确的做法应该是明确投资方向，打牢出口基础，理性引导消费，创新化解产能过剩。

上述观点从不同的角度、视角去审视研究经济再平衡，前六类观点成为再平衡的重要内涵。如果把再平衡看作是一个整体框架的话，那么里面涉及的核心要素有需求和供给，长期和短期。按照这个基本框架，影响需求和供给有很多力量，既有内生的，也有外生的。这些内容产生的影响又可以分为长期和短期两个维度。根据新古典主义和新凯恩斯主义，再平衡的分析框架可以从总需求曲线、长期总供给曲线、短期总供给曲线、货币政策、财政政策、国际收支等方面去构建。其中，总需求曲线和短期总供给曲线背后的理论支撑是凯恩斯的理论，长期总供给曲线则反映了古典经济学的思想，从更长的时间看，经济增长最终取决于供给面的关键要素，包括劳动力、资本存量和生产效率。这样的分析框架也为找到失衡原因提供了路径。

综上所述，中国经济再平衡是高质量发展的应有之义，要从供给体系不断优化、需求体系持续升级、金融体系更加适配等方面着手，要从外需导向转向国内巨大市场驱动，要继续提升城市化率，不断提高消费对经济增长的贡献率，促进新经济迅速发展，加快改造传统制造业，同步提高服务业对经济增长的贡献率，持续降低经常项目顺差占 GDP 的比重，不断扩大进口数量和规模，使巨大国内市场成为全球市场的重要组成部分。

第三节 与再平衡相关的几组数据

再平衡的本质是供需动态匹配。失衡的表现有很多种,这里列出几组数据。

贸易总额/GDP。该指标用来衡量我国对外开放制度红利。表 7-1 显示,加入世界贸易组织后该指标数值明显上升,从 1999 年的不到 40% 达到 2007 年的 60% 以上。自金融危机之后开始,数值又开始回落,对外贸易对经济增长的贡献总体呈下降趋势。

表 7-1 贸易总额占 GDP 比重　　　　单位:%

年份	数值	年份	数值
1960	6.4	1990	32.0
1961	5.9	1991	35.4
1962	5.6	1992	38.8
1963	5.8	1993	44.0
1964	5.8	1994	41.9
1965	6.0	1995	38.2
1966	6.0	1996	33.6
1967	5.7	1997	33.8
1968	5.7	1998	31.5
1969	5.1	1999	33.0
1970	5.0	2000	39.2
1971	4.8	2001	38.1
1972	5.5	2002	42.2
1973	7.9	2003	51.3
1974	10.1	2004	59.0
1975	9.0	2005	62.2
1976	8.7	2006	64.0
1977	8.5	2007	61.3
1978	13.8	2008	55.8
1979	16.5	2009	43.3
1980	20.0	2010	48.9
1981	22.5	2011	48.2

续表

年份	数值	年份	数值
1982	20.3	2012	45.3
1983	18.9	2013	43.5
1984	20.6	2014	41.1
1985	22.5	2015	35.7
1986	24.6	2016	32.8
1987	30.3	2017	33.4
1988	32.9	2018	33.3
1989	32.1	2019	32.1

资料来源：Wind。

房地产价格。房地产价格快速上涨对其他实体产业造成挤压。从上市公司净利润率数据看，房地产企业的利润率增速要远远高于其他实体产业（见表7-2）。

表7-2 上市公司利润率 单位：%

板块	2012年	2013年	2014年	2015年	2016年	2017年	2018年	2019年	2020年
房地产业	14.52	13.39	11.46	8.94	9.69	11.05	10.63	9.84	10.48
电气机械及器材制造业	5.17	5.17	6.48	7.14	7.73	6.74	4.42	5.47	4.67
计算机、通信和其他电子设备制造业	2.17	3.85	5.06	4.73	4.63	5.63	2.91	2.84	5.78
有色金属冶炼及压延加工	-0.04	1.52	-1.19	-0.85	1.14	2.06	0.85	-0.02	1.32
食品制造业	4.67	5.28	6.60	7.01	8.42	8.27	8.31	8.23	12.64

资料来源：Wind。

居民消费率下降。居民消费率是指国民经济核算中居民消费占GDP的比重。表7-3是居民消费率变化情况。居民消费率指标具有指向性，是经济结构失衡的直接表现。

表7-3 居民消费率变化情况 单位：%

年份	居民消费率	城镇居民消费率	农村居民消费率
1978	47.82	18.12	29.70
1979	49.12	18.52	30.60

续表

年份	居民消费率	城镇居民消费率	农村居民消费率
1980	50.94	20.10	30.84
1981	53.23	20.61	32.63
1982	53.36	19.54	33.82
1983	53.50	19.87	33.62
1984	50.69	19.76	30.93
1985	50.86	20.23	30.63
1986	51.02	21.01	30.00
1987	49.67	21.16	28.51
1988	49.62	22.27	27.35
1989	51.09	22.78	28.32
1990	49.99	22.22	27.77
1991	47.92	22.59	25.33
1992	45.27	23.41	21.87
1993	44.00	24.37	19.62
1994	44.09	25.23	18.86
1995	45.75	26.94	18.81
1996	46.85	27.14	19.71
1997	45.90	27.13	18.77
1998	45.51	28.05	17.46
1999	46.21	29.85	16.35
2000	46.73	31.16	15.57
2001	45.52	30.82	14.70
2002	44.91	30.93	13.98
2003	42.71	29.77	12.93
2004	40.61	28.73	11.88
2005	39.59	28.42	11.16
2006	37.75	27.43	10.32
2007	36.37	26.90	9.47
2008	35.29	26.44	8.85
2009	35.33	26.74	8.59
2010	34.33	26.43	7.90
2011	34.92	26.85	8.07

续表

年份	居民消费率	城镇居民消费率	农村居民消费率
2012	35.39	27.44	7.95
2013	35.83	27.84	7.99
2014	36.71	28.53	8.18
2015	37.77	29.57	8.20
2016	38.67	30.38	8.29
2017	38.54	30.27	8.27
2018	38.52	30.12	8.40
2019	39.12	30.64	8.48

资料来源：Wind。

第四节 再平衡背景下产业政策转型的理论综述

产业政策转型有着严密的经济逻辑和众多的理论研究成果，梳理总结这些内容有助于证明产业政策转型的内在逻辑。基于国民收入恒等式的分析，再平衡背景下产业政策的导向作用在于为国民经济接近均衡状态扫清障碍。国内外理论综述表明，同时促进竞争和创新，是产业政策转型的基本目标。

一、再平衡背景下的均衡分析

"再平衡"可分为内部均衡与外部均衡，两者紧密相连。再平衡本质上是内部均衡。在国民收入恒等式的分析框架下（如图7-1所示），外部均衡（国际收支的平衡）是表象，内部均衡才是根本。实现投资、储蓄的均衡是"再平衡"的关键，产业政策的最终目标是为国民经济接近均衡扫清障碍。

储蓄投资失衡是内外不均衡的原因。在高储蓄率的情况下，投资和贸易顺差是一个硬币的两个方面。从多年来的数据情况看，国内的庞大储蓄很大程度上转化为较大规模的贸易顺差，社会的储蓄资源并没有充分有效地转化为国内的投资。一般社会储蓄有效转化为国内投资须具备两个条件：一是有高回报的实体项目，有前景好的投资机会。钱流动到投资者手中，投资者愿意用这笔钱通过发展实体经济获利，而不是将钱投入金融市场空转。二是避免优惠、补贴等扭曲资源配置的行为，储蓄资源要按照市场价格进行分配。

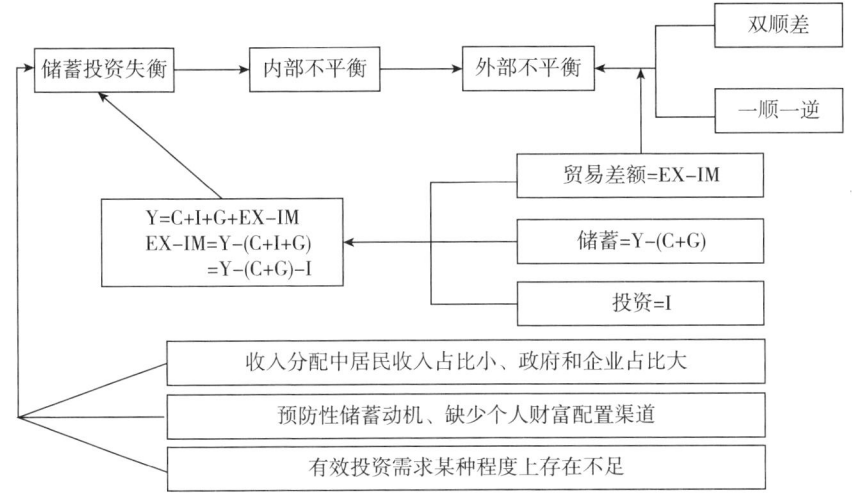

图 7-1 内外均衡分析框架

二、再平衡背景下产业政策的导向

再平衡背景下的产业政策目标就是畅通渠道，一是引导资源流向实体经济，夯实产业基础，形成实实在在的财富；二是纠正扰乱资源配置的行为，发挥市场配置资源的作用，从而把高储蓄转化为有效投资。

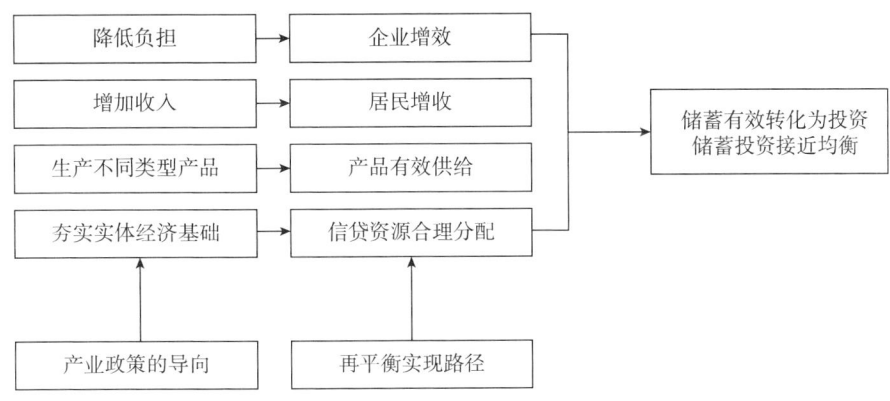

图 7-2 再平衡背景下产业政策的边界

经济再平衡，产业政策的关键在于通过政策引导，疏通扩大消费与开展有效投资之间的渠道。遵循如下逻辑：企业首先要能通过自己的研发、凭借之前的投资基础生产适销对路的产品，而生产符合市场需求的产品就是有效投资的最终目的和直接表现。产业政策在有效引导企业进行有效投资的同时，采取宏观调控的手段（货币政策、财税政策）以及相应的改革举措，就能够实现投资和消费的良性循环。最后，企业有效投资，效益产生了，居民财富增加了，消费需求得到满足了，愿意消费、敢于消费，企业有效投资也得到回报，良性循环的链条也就形成了。

实现上述目标，要求产业政策具备三个导向：一是满足居民消费换代升级的需要。从生产端看，就是要提供高质量、不同层次、丰富的产品。二是减轻负担。企业负担过重，无法提供有效供给，更无暇进行产品创新。企业效益的下降还会制约居民收入增长。三是夯实实体经济基础。产业政策提升了制造业的竞争力，社会资本就愿意投资制造业，优质信贷资源就能够流入制造业，"实冷虚热"的恶性循环就能够被打破。

在上述逻辑框架背景下，化解过剩产能（处置僵尸企业）、减轻企业负担、夯实巩固制造业发展，目的在于疏通消费渠道和投资渠道，尽力减缓储蓄与投资的不平衡。

三、产业政策的五种效果

综合梳理产业政策有关研究文献发现，产业政策的实际效果可以根据"促进还是扭曲竞争""促进还是阻碍创新"划分为九种情形（如图7-3所示）。这里主要列举五种主要情形。

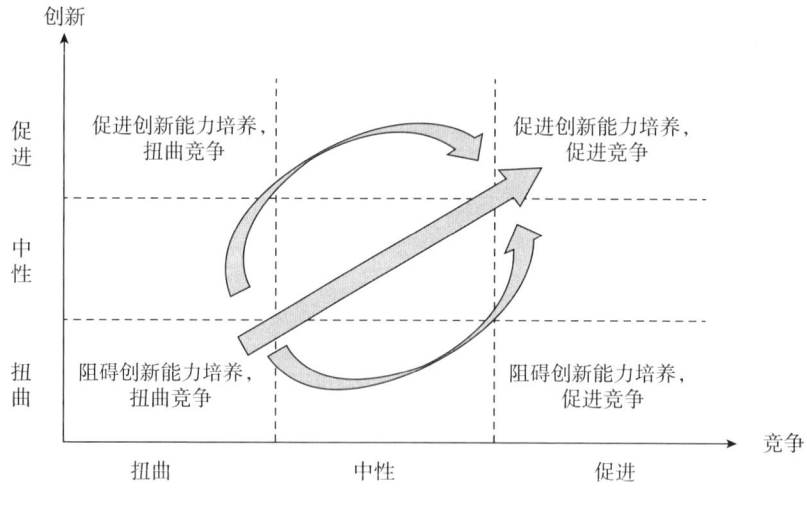

图7-3 产业政策效果分析框架

一是产业政策既能促进竞争又能促进创新。促进竞争功能主要表现为弥补市场不足，有效解决"外部性"问题。促进创新功能则主要体现在为市场主体提供良好的外部环境。以美国为例，美国完备的知识产权保护制度和实施"先进制造业伙伴计划"的政策组合，既优化了市场环境，同时也有效解决了普遍存在的启动资金不足的问题，对创新、竞争具有促进作用。

二是产业政策虽能促进竞争但会阻碍创新。以日本为例，20世纪50—60年代，日本政府对中小企业采取了专门的扶持政策，通过税收优惠、财政补贴、优先购买等手段来支持中小企业发展。此举对提升中小企业竞争力起到立竿见影的效果，但与此同时，中小企业本身不具备技术革新的基础条件，向中小企业过度倾斜不利于激发企业自主创新的积极性。

三是产业政策虽能激励创新但会阻碍竞争。主要是市场主体不能平等地参与竞争，一部分本身位居行业前列的企业得到更多的优惠和资源，行业内其他企业无法公平地参与竞争。例如，有的国家政府专门针对大企业进行专项采购，虽然能够激励这些企业进行技术革新，但同时却干扰了其他没有享受到优惠政策的企业参与竞争。

四是产业政策既阻碍创新同时也妨碍竞争。市场分割会阻碍要素流动、妨碍市场竞争。为了保持市场分割的状态势必会产生"地方保护主义"，而一系列的地方色彩浓厚的优惠举措、补贴及保护措施，不利于形成鼓励创新的制度环境，使得本地企业丧失创新积极性。

五是产业政策对竞争和创新的影响呈中性。此类产业政策对竞争和创新均没有实质性影响或影响极小。例如，同样是补贴政策，如果将补贴直接给予消费者而不是生产者，那么政策对市场竞争、对市场主体创新的影响就非常小，甚至没有影响。

根据图7-3所示，还存在其他四类产业政策，即促进创新但对竞争影响较小；促进竞争但对创新影响较为中性；阻碍创新但对竞争影响较为中性；阻碍竞争但对创新影响较为中性。总之，综合上述九种情形，最理想的产业政策应该是既能促进创新，又能促进公平竞争，即兼具引导竞争和鼓励创新的双重作用。

当前，在产业政策转型过程中仍存在一些亟待解决的问题，如果这些问题不能解决，就可能陷入"一放就乱，一管就死"的怪圈，从而导致产业政策效力大大削弱。

第五节 存在的问题

一、产业政策在思维层面受到干扰

目前,在对待到底应不应该使用产业政策以及如何运用产业政策问题上,主要有两个误区:一是认为发达的经济体从来都不需要产业政策,完全靠市场力量进行调节。这种错误观点回避了欧美发达国家在工业化早期阶段大量使用产业政策的历史事实。至今美国、德国等老牌工业强国还在制定特色鲜明的产业振兴政策,以促进传统制造业恢复生机。这种思潮给产业政策打上了负面标签,使人们对产业政策的理解片面化,只要是产业政策,就是政府干预微观主体。二是认为产业政策可以包打天下,赋予产业政策稳增长功能。这种错误观点泛化了产业政策的基本内涵。产业政策应该聚焦于中长期的发展蓝图,与保持经济增长相比,政策更应该聚焦优化布局、调整结构、促进经济可持续发展。将产业政策与宏观经济政策相混淆的直接危害就是产业政策短期化,产业政策随宏观经济的波动而发生周期性变化。

二、产业政策在制定层面缺乏统筹协调

现阶段制定产业政策的主体较为分散且互相制约。制定产业政策的权力散落在不同部门,事实上形成了一种条块分割体制,由于牵头部门与参与部门层级相同,产业政策制定过程中往往要在统筹协调上花费大量时间,协调的效果也被弱化。这种现象背后的根源在于制定产业政策的主体受限于部门视野,从理性人角度看,很难要求政策制定者突破各自部门的藩篱,自发地站在更高的层面去思考问题。

日本与我国有着相似的工业化模式、相似的发展经历,面临着相似的问题。但日本在产业政策制定上拥有一个相对独立完备的机构,避免了政出多门的问题。制定日本产业政策的机构主要是通商产业省的产业结构审议会,其成员由政府部门、产业界和学术界代表组成。例如,该机构在2006年制定了《新经济增长战略大纲》,从战略层面论述了日本经济可持续发展所倚重的产业,分别列出汽车电池、医药器械等重点产业,详细介绍了振兴这些产业的具体措施。

三、产业政策在后评估层面缺乏详细标准

重事前、轻事后是产业政策评估中存在的突出问题。产业政策从制定到出台，是一个完备的流程，事前的评估、必要的审批非常重要，但事后的效果评估、政策评价也同样重要。如果缺乏政策的后评价机制，就不能动态地监控产业政策的效果，从而导致产业政策与产业发展出现"时间差"。传统产业政策将投资审批核准和市场准入作为产业政策的主要措施，缺乏政策效果评估、政策效果反馈、政策措施修正等后评估环节。

缺乏独立专业的第三方评估机构是产业政策评估效果不佳的重要原因。第三方评估既要有评估主体，也要具备长效评估机制。然而，在产业政策的实际操作过程中，除了行业协会具备了开展第三方政策评估的资质，很难再找到独立专业的第三方评估机构。不仅缺少足够的评估力量，定期评估的机制也没有建立，评估的随意性大。反观欧美国家产业规划类文件，除了有专业的第三方独立发表评估意见，政府定期组织力量对政策效果进行检验，构建了长效的政策评估和反馈机制。

第六节 政策转型要处理好四个关系并找准着力点

根据产业政策转型升级影响因素的分析，为确保政策顺利转型，要处理好长期与短期、管制与引导、虚拟和实体、转型和升级的关系。

一、长期与短期的关系

正确处理产业政策与宏观调控政策的关系，防止或者减少宏观政策对产业政策的"排挤"效应。宏观调控政策是短期政策，而产业政策则属于中长期范畴。如果将产业政策短期化，产业政策将变成宏观调控的手段。例如，承载了稳增长、控物价方面的使命，产业政策就不是一个长期的政策，充其量只是一个短期的政策工具而已。因此，产业政策必须摆脱"速度情结"和"换挡焦虑"。

二、管制与引导的关系

产业政策转型并不完全依赖市场调节，政府引导和规制也是必需的。要避免市场调节与政府管理出现"互斥"关系。这种"互斥"关系一旦出现，很多领域就会出现由于经济"外部性"导致的"三不管"地带，即市

场调节不了，政府没有关注，企业盲目追逐利润。我国尚处于工业化中后期阶段，从国际经验看，产业政策应同时具备管理和引导双重功能。产业政策转型转得要准，就要在管制、引导两种角色之间切换自如。该管的地方要管好、绝不手软，如产品质量、排放标准制定等，该引导的要做好引导工作而不是直接干预，如发布行业未来发展趋势走势信息等。

三、虚拟和实体的关系

产业政策应推动资金在虚拟经济和实体经济之间合理流动。当前，资金在实体经济与虚拟经济之间正常流动的机制被扭曲。大批生产效率不高的经济体占据优质信贷资源，过高的货币存量没有形成有效的投资，大量资金在实体经济外空转，在经营"钱生钱"的资本套利交易，"实冷虚热"的问题仍然存在。产业政策的作用就是要倒逼那些已经占据大量贷款资源、却又不产生任何效益的经济实体退出市场，引导释放出的宝贵信贷资源在产业内部重新流动、重新配置。

四、转型和升级的关系

产业政策应该区分转型和升级两大取向。转型和升级是两个不同的概念，转型是通过转变发展方式探索新型工业化道路，升级是通过优化行业结构、技术结构、布局结构、组织结构来提升产业结构。转型和升级的目的不同，转型更侧重于方法论，升级则侧重于解决具体的问题。因此，产业政策在确定政策取向时要区分两者关系。

基于以上分析，产业政策转型就找到了着力点。产业政策转型关键要做好加、减、乘、除四个维度的整合，主要从增加产业政策的功能性、削减短期色彩较浓的产业政策、发挥政策评估和监督的乘数效应和做好产业政策的分类四个维度发力做好产业政策转型。另外，发挥产业政策的杠杆作用也十分必要。

五、增加产业政策的功能性

产业政策有多种功能，核心职责是维护公正公平的产业投资环境。从要素效率角度看，公平的环境就是让各种要素公平竞争、自由流动、优胜劣汰。无效要素退出市场，不能挤占宝贵的资源；而有效要素活跃在市场中，按照价格信号自发配置；破坏市场规则的市场主体要能够被及时识别并受到相应的惩罚。

从具体功能看，一是优劣产品的判别评价功能。消费者的主观评价是一方面，更重要的是要有一整套行之有效的质量标准体系。二是保护市场主体创新积极性的功能。政策不给侵犯知识产权的行为留有任何空间，全力维护市场主体创新的成果。三是保护生态环境的功能。划定产业生态红线，加大对市场主体的环保约束，杜绝违规超标排放。

六、削减短期色彩较浓的产业政策

产业政策不以平衡经济短期波动为目的，应以中长期目标为导向，着力聚焦重大战略问题及政策落实的研究。过时并且明显不符合当前产业发展趋势的政策要及时废止，政府重点做好产业中长期发展趋势的预测和研判工作，向市场主体提供稳定、可靠、参考意义较强的中长期信息。

具体做好三方面的工作：一是建立长效机制化解过剩产能，准确判断出行业产量中长期的物理峰值，积极稳妥化解过剩产能；二是推进产业转型升级，培育新的经济增长点，着力解决"一放就乱""一管就死"的难题；三是瞄准产业技术前沿领域制定时间表和路线图。

七、发挥政策评估和监督的乘数效应

政府对已经出台的中长期产业政策的落实情况进行评估，通过评估，发现问题，督促落实，让政策发挥乘数效应。既要分工明确、各司其职，又要统筹兼顾、加强协调。注重抓好任务分解，同时强化考核督查，细化分解重点项目责任清单，实行动态管理和进度跟踪。

一是充分考虑难点痛点，针对可能出现的各种情况，提早预判，做出相应的安排。二是确立职能边界和责任边界。以"权力清单"界定政府部门的职能边界，以"政策清单"界定政府部门的责任边界。

八、做好产业政策的分类

增强产业政策的有效性、精准性和协同性，重点在于做好产业政策的分类。不同类别的产业政策真正做到从企业中来到企业中去，政府的角色更多是为企业牵线搭桥，这样既实现了政府的产业目标，同时也提升了市场主体的竞争力。实践证明，好的企业都是善于利用市场环境，没有哪一个优秀的企业是被管出来的。

建议从技术、组织、布局、结构四个层面做好产业政策的分类。产业技术政策聚焦通过政府牵头、社会参与的模式，做好基础技术的研发工作；产业组织政策要保持市场竞争活力和合理竞争秩序，提升产业国际竞争力；产业布局政策应与主体功能区规划有效衔接，实现产业空间合理布局；产业结构政策应厘清"瓶颈产业"、"支柱产业"和"先导产业"之间的关系，根据经济社会发展阶段需要推进结构调整。

第七节 产业政策的转型方向

一、转变产业政策目标，从以产业扶持为主转向促进竞争和创新为主

我国产业政策目标将逐步由扶持具体产业向促进竞争和创新转变。一要将竞争性政策作为基础性政策，倡导公平竞争，建立有效的市场监督制度。二要适当借鉴欧美日等发达国家实施的功能性产业政策，从整体上改变产业发展环境，推动企业不断增强创新能力。

二、转变政策体系，由单向供给政策体系转向双向激活政策体系

积极推动产业政策体系由单向供给向双向激活转变，努力克服传统产业政策过度重视供给数量的缺陷。一方面，以提升供给质量为目标实施相应的产业政策，进而推进供给侧结构性改革；另一方面，以激活潜在需求为目标实施相应产业政策，增强消费者权益保护，提升市场主体信心，为高质量供给创造有效需求。

三、转变产业政策手段，从以选择性政策为主转向普适性政策为主

一是构建统一开放、公平竞争的市场环境，增强产业政策在有效时间和区域内的普遍适用性，确保所有的目标企业都受到管制调节，并平等享受所带来的收益。二是建立负面清单制度。要建立良好的竞争和创新政策体系，从行政审批转向负面清单管理，做到审批清单之外的事项均由社会主体依法自行决定。

四、转变政策组织与程序，从以行政批文为主转向以行政立法为主

一是通过立法制定竞争与创新政策法律法规，加大对行政机关的决策

程序活动的监督力度，避免行政部门直接出台相关政策，真正做到有法可依。二是推动竞争与创新政策去地方化。积极推动中央政府统一实施竞争与创新政策，维护全国统一大市场，遏制地方保护主义，保持对市场调节的统一性和协调性。

五、转变政策绩效评价机制，由政府自评转向第三方评估

一是建立基于竞争—创新框架的第三方评估机制。减少行政手段，优化竞争与创新政策综合评价机制。二是在政策制定、运行及总结等环节引入第三方评估机构。及时公布第三方评估机构的政策评估与审议结果，增加政府政策透明度，最大限度减少竞争与创新政策的无效性。

第八章 产业政策案例分析之一：煤炭去产能

第一节 政策提出的背景

2013年以来，我国的煤炭、钢铁等行业出现了产能严重过剩、供大于求的情况，导致煤炭、钢铁、水泥等产品价格不断下降，工业生产者出厂价格指数（PPI）整体不断下降，且从2015年开始，我国钢铁需求量首次下降，供需矛盾极为突出，企业经营极为困难、出现连年亏损。面对钢铁、煤炭等产品供大于求的现状，我国通过"去产能"的产业政策来推动供给侧改革成为必然的选择。2015年召开的中央经济工作会议上，我国明确了"三去一降一补"作为供给侧结构性改革的重点任务，其中居于首位的"去产能"是重中之重。能源领域的"去产能"重点围绕煤炭行业展开。

煤炭行业作为国民经济基础能源产业，自2013年以来，受我国经济增速持续放缓、石化能源结构调整等因素的综合影响，需求骤降与供给过剩相交汇，供需矛盾凸显。这导致市场竞争秩序混乱，企业经营压力大，利润效益不高，对经济发展、就业和社会稳定产生了负面影响。另外，随着中国经济取得了巨大成就，我国对环保的要求也不断提升。以煤炭等化石能源为主的能源消费结构，一方面会产生大量二氧化碳等温室气体，另一方面燃烧颗粒物会造成雾霾天气。我国在"十三五"规划中重点对非化石能源的消费和单位GDP二氧化碳排放等指标做出了限制，即到2020年，非化石能源占一次能源消费总量的比重达到15%，单位GDP二氧化碳排放量比2015年下降18%。为了达到上述目标，在"十三五"期间，我国加大对风电、水电等新能源的消费比重，减少了煤炭、石油等化石能源的消费比重。其中，煤炭消费总量的控制也成为"十三五"期间的一项重点任务。2016年2月，国务院出台实施了《关于煤炭行业化解过剩产能实现脱困发展的意见》，为煤炭行业去产能工作提出了实施原则、主要任务和政策措施。此后几年，国家各部门又相继出台了一系列政策文件对煤炭去产能工作进行规范和引导。

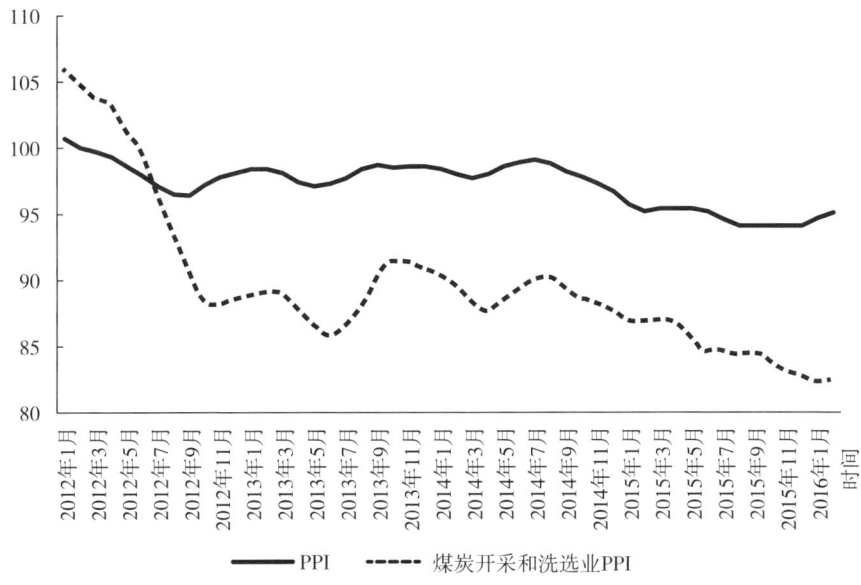

图 8-1　2012 年 1 月—2016 年 1 月工业 PPI 和煤炭行业 PPI 指数

第二节　产业政策的着力点

一是制定全方位化解产能方案。我国制定了煤炭退产减量的阶段性目标。即从 2016 年开始，花 3 年至 5 年的时间退出产能 5 亿吨和减量重组 5 亿吨。严格控制新增产能，切实淘汰落后产能，有序退出过剩产能，保留产能与退出产能适度挂钩。具体措施包括原则上停止审批新建煤矿项目，确需新建煤矿的必须减量置换；13 类落后小煤矿等进行关闭退出；对在安全、质量和环保、技术和资源规模、煤矿经营等方面达不到要求的企业，通过给予政策支持等综合措施，引导其有序退出，等等。

二是进行多方式资金政策支持。我国设立工业企业结构调整专项奖补资金，根据地方任务完成的进度、实施的困难程度、职工安置的情况等因素进行梯级奖补，由当地政府对资金进行统筹安排，用于符合相关要求企业的职工安置。在金融方面，我国支持企业通过发债的形式来代替高成本的融资，进一步降低资金使用成本。我国鼓励各方主体探索运用市场化手段来妥善处置企业的债务和银行的不良资产。

三是分情形推进债务处置工作。我国积极推进去产能行业债务处置，设计"僵尸企业"和去产能企业债务处置的范围、方式、处置流程与时限，并完善相关政策和制度支持；根据企业的不同情况采取不同的方式处理，如采用破产重整、债务重组等方式；重点推动企业进行兼并重组；支持煤炭与煤化工企业或其他关联产业企业进行兼并重组，支持发展煤电联营，通过兼并重组推动过剩产能退出、推进技术进步和升级、实现煤炭资源优化配置，从而促进行业发展转型升级和优化布局。

四是合理安置过剩产能职工。职工安置问题是化解过剩产能工作的重点。挖掘企业内部转岗分流潜力，通过与职工协商薪酬、培训转岗等方式尽量做到现有工作岗位的稳定，积极落实稳岗补贴政策；对符合条件的职工实行内部退养，做好再就业帮扶、强化职业培训、就业服务和政策扶持，做好社会保障衔接工作；加大对困难人员援助帮扶力度，解决好零就业家庭问题，帮助特困群众解决生活困难，发挥社会保障和生活救助的托底作用。

五是加强技术升级改造和创新。研究制定商品煤一篮子标准和煤炭清洁再利用的标准；鼓励企业积极发展煤炭洗选加工转化，进一步提高煤炭产品附加值；加大低浓度瓦斯采集、提纯和利用的技术攻关力度，提高煤矿中瓦斯利用效率；鼓励和支持煤矿企业加快技术改造步伐，对现有设备实施自动化升级。

表8-1 2016年以来我国煤炭去产能方面的主要政策文件

政策制定时间	部门文号	政策重点
2016年2月1日	国务院《关于煤炭行业化解过剩产能实现脱困发展的意见》国发〔2016〕7号	全国所有煤矿从2016年开始，按照276个工作日重新确定产能，化解过剩产能，引导煤炭价格走势
2016年7月23日	《减量置换严控煤炭新增产能通知》发改委能〔2016〕1602号	鼓励跨区域跨行业整合
2016年10月25日	发改委召开了"22家重点高层座谈会"特急会议	分析煤炭供需形势，研究做好煤炭去产能、保供应、转型升级和健康发展有关工作
2016年11月3日	发改委召开"规范煤炭企业价格行为提醒告诫会"	煤企不能再涨价了，以维护正常市场价格秩序，防止煤炭价格剧烈波动

第八章 产业政策案例分析之一：煤炭去产能

续表

政策制定时间	部门文号	政策重点
2016年11月16日	国家发改委召开电视电话会议	积极协调推进中长期合同，要求保障煤炭稳定供应，276个工作日制度微调放宽
2016年12月19日	《能源生产和消费革命战略（2016—2030）》发改基〔2016〕2795号	以推进供给侧结构性改革为主线，把推进能源革命作为能源发展的国策
2016年12月20日	《国务院关于印发"十三五"节能减排综合工作方案的通知》国发〔2016〕74号	节能减排
2017年2月8日	《煤炭深加工产业示范"十三五"规划》国能科技〔2017〕43号	煤炭深加工
2017年3月5日	《政府工作报告》	提出退出煤炭产能1.5亿吨以上
2017年3月22日	《现代煤化工产业创新发展布局方案设计》发改产〔2017〕553号	从国家层面进一步明确了"将煤炭深加工产业培育成为我国现代能源体系的重要组成部分"
2017年3月23日	环保部印发《京津冀2017年大气污染防治方案》的通知	强调"2+26"城市实现煤炭消费总量负增长，2017年28个城市重点实施煤改清洁能源
2017年4月17日	《关于做好2017年钢铁煤炭行业化解过剩产能实现脱困发展工作的意见》发改运〔2017〕691号	以更加严格的标准坚决淘汰落后产能，更加严格控制新增产能
2017年12月19日	《关于进一步推进煤炭企业兼并重组转型升级的意见》发改运行〔2017〕2118号	实行兼并重组重点对象企业和主体企业名录管理
2017年11月10日	发改委印发《关于推进2018年煤炭中长期合同签订履行工作的通知》	支持企业自主签订合同，鼓励双方直购直销，支持多签中长期合同，签订中长期合同数量应达到自有资源量或采购量的75%以上

续表

政策制定时间	部门文号	政策重点
2017年11月28日	国家发改委能源局《关于建立健全煤炭最低库存和最高库存制度的指导意见（试行）》	建立最低最高库存制度及实施细则和考核办法
2017年12月15日	《做好年度碳排放报告与核查及排放监测通知》发改办气候〔2017〕1989号	碳排放报告与核查及排放监测
2017年12月20日	《北方地区冬季清洁取暖规划（2017—2021年）的通知》发改能源〔2017〕2100号	煤改气，散煤治理
2018年11月23日	《关于进一步做好"僵尸企业"及去产能企业债务处置工作的通知》发改财金〔2018〕1756号	"僵尸企业"及去产能企业债务处置
2019年4月30日	《关于做好2019年重点领域化解过剩产能工作的通知》发改运行〔2019〕785号	提升煤炭供给质量

资料来源：中国政府资料库网站。

第三节 煤炭产业政策评价

自2016年以来，我国煤炭行业大力推进化解过剩产能工作，提前两年完成"十三五"去产能目标任务。煤炭去产能的政策取得了显著效果。

一是煤炭行业提前完成去产能任务。自2016年推动煤炭供给侧结构性改革以来，在中央和地方政府的推动下，我国通过持续推动化解过剩产能、淘汰落后产能、建设先进产能，全国煤炭供给质量显著提高。到2019年年底，我国累计退出煤炭产能9亿吨/年以上，完成安置职工100万人左右，提前实现国发〔2016〕7号文提出的化解过剩产能目标。

二是煤炭开采布局不断优化。自去产能政策实施以来，煤炭开采、生产的重心加快向具有资源禀赋优势和开采条件好的地区集中。山西、内蒙古、陕西、新疆等8个省（区）的原煤产量占比不断提升，2019年8个省（区）的原煤产量达343亿吨，占全国总产量的89.1%，比2018年提高

1.2个百分点。

三是煤炭产业结构调整加快。随着产业政策的贯彻实施，大型现代化的煤矿逐步成为煤炭开采的重要主体，煤炭矿数量大幅减少，平均产能不断提升。2019年，我国煤炭矿为5300处，平均产能达到98万吨/年。其中，我国已经有1200处以上的大型现代化煤矿（120万吨以上），占全国总产能的80%左右。产业链上下游一体化发展成效显著，煤炭企业全方位布局，其中，积极参股电厂、焦化厂；推动煤炭技术与人工智能、大数据、工业互联网、物联网、5G等信息技术深度融合，目前在国内建成了200多个智能化采煤工作面，在采煤层面实现了有人巡视、无人值守、减人提效。

四是煤炭科创能力显著增强。煤炭行业开放型创新体系日趋完善。截至2019年年底，煤炭行业已经建成国家重点实验室、工程研究中心、工程实验室等国家级创新平台67家。一批重大科技攻关项目成功完成和顺利实施。2019年，在国家科技进步奖、技术发明奖、中国专利奖等奖项方面，均取得显著成绩。

五是煤炭市场化改革稳步推进。煤炭交易市场建设持续深化，中国煤炭价格指数体系不断完善，交易品种日益丰富。煤炭期货市场日趋活跃。市场化发现煤炭价格功能不断增强。煤炭产业链上下游企业共同制定形成的以"中长期合同"和"基础价+浮动价"为主的定价机制，为维护煤炭经济平稳运行发挥了重要作用。合同执行与履约信用数据采集全面开展。

六是矿区生态环境治理效果明显。原煤入选率、井下瓦斯抽采利用率大幅提高，2019年我国原煤入选率、井下瓦斯抽采利用率分别为73.2%、42.4%，同比去年分别提高了14个、16个百分点。煤矸石综合利用处置率、矿井水综合利用率小幅上涨，2019年煤矸石综合利用处置率、矿井水综合利用率分别达到71%、75.8%，同比分别提高了1个、3个百分点。

七是煤矿安全生产明显稳定好转。全行业扎实推进煤矿安全生产治理体系和治理能力现代化建设，煤矿安全生产责任体系不断完善，安全投入长效机制不断健全，煤矿的机械化、信息化、自动化、智能化水平大幅提升。2019年，全国煤矿百万吨死亡率降至8.3%。

第四节 煤炭产业政策的启示

一、应尽快明确可操作的实施细则

推进去产能需要根据市场、供需等实际考量,综合推进、因地制宜,以避免产生更多的不合理债务。在企业自身加快脱困发展的同时,国家应统筹考虑、分类施策,针对关闭退出煤矿债务处置难题,出台相应的实施细则,明确具体处置途径和负责部门,防止因政策的具体操作不明确而影响实施进展和效果。同时,加大政策支持与协调力度,加快推进债务处置,并配套与之相适应的政策机制。

二、应避免行政化"一刀切",有问题及时纠偏

地方政府制定政策应尊重科学,全盘考虑,逐步推进,以人为本,运用新技术,创新模式,站在人民的立场上,满足人民的需要。各级政府在政策制定和执行过程中要避免行政化"一刀切",比如,在散煤治理等去产能政策施行过程中要因地制宜,宜电则电,宜气则气,宜煤则煤,宜油则油,使用多种能源探索多元发展的道路。对产业政策制定和执行过程中出现的问题要及时发现并主动纠偏,引导政策执行达到良好效果。

第九章 产业政策案例分析之二：主体功能区战略

第一节 政策提出的背景

在主体功能区战略出台前，重"发展计划"、轻"布局规划"是我国经济发展、产业布局的典型特征。由于我国缺乏统一的空间布局规划，因此，我国工业化和城市化进程中出现国土空间过度开发和无序开发及区域发展失衡等问题。全国主体功能区战略既是对已有的区域协调发展战略的丰富和深化，也是充分结合当时我国的国土空间发展情况和未来面临的挑战进行了创新。

一、主体功能区战略实施前区域发展战略的演变

从我国的第一个五年计划开始，党中央结合我国不同时期的发展特征、地区发展优势，制定实施了不同的发展战略。但值得注意的是，部分区域战略的实施，一定程度上缓解了某些区域问题，但也突出了另外一些区域问题。主体功能区战略的提出是对我国国土空间开发、产业发展的管理思路和战略的一个重大创新，是对区域协调发展战略的丰富和深化，具有重要的现实意义。

从"一五"计划开始至主体功能区规划出台前，我国的区域战略的演变大致可以分为三个历史阶段：

第一，20世纪50年代初至党的十一届三中全会：以内陆地区发展为重点。 严格来说，该阶段并没有形成区域发展战略，只有工业布局政策。当时的产业布局的主导思想是"沿海的工业基地必须充分利用，但是，为了平衡工业发展的布局，内地工业必须大力发展"。主要的政策手段：一是在内陆地区固定资产投资的比重不断增加，在"一五"时期，落地实施的694项[①]重点工程中，沿海地区的项目总共只占1/3，其中苏联援建的项

---

① 包括苏联援助建设的156项和国内自行设计的538项。

目更是占了 1/5。二是采取行政命令手段，将沿海地区的企业向内陆迁移。其中，1964年、1965年，有174个项目是从上海、天津、辽宁等沿海地区搬迁至内陆地区的。

第二，改革开放初期至2000年左右：以沿海地区率先发展为重心。党的十一届三中全会以后，我国区域经济的发展重心发生了转移，即从内地向沿海迁移。进入80年代，"沿海地区发展战略"被中央提出。其主导思想是"允许和支持一部分人、一部分地区通过诚实劳动和合法经营先富起来，鼓励先富起来的帮助未富起来的"。主要手段：一是先后设立了一系列经济特区支持重点区域经济发展，落实先富策略。如先后设立深圳、珠海、汕头、厦门、海南等5个经济特区。二是为发展沿海地区制定了一系列优惠政策。比如，减免企业所得税、培育和发展资本市场（在深圳和上海建立证券交易所）等，持续优化营商环境，吸引外资。三是鼓励沿海地区先行先试，不断深化体制机制改革，允许部分沿海地区突破现有法律和政策的限制，提升市场活力。

第三，21世纪至主体功能区战略出台前：以区域协调发展为重点。20世纪90年代中期，区域间发展差距扩大、区域产业结构趋同的问题凸显。为应对区域发展不均衡、不协调，西部大开发战略、振兴东北地区等老工业基地战略、促进中部地区崛起战略等三大战略被中央提出，并在"十一五"期间对我国区域发展战略做了进一步的完善和系统化，形成了区域协调发展战略体系。区域协调发展战略的主导思想是"从社会主义现代化建设全局出发，统筹城乡区域发展"。主要手段包括一揽子工程，其中包括加快推动基础设施建设，鼓励支持国有企业改革和特色产业发展，推动企业加快转型升级，加大转移支付力度等。

二、主体功能区战略实施前我国产业发展面临的现实情况

我国产业发展资源丰富，但结构问题、不均衡问题尤为突出。

一是我国国土面积广阔，但适宜开发利用的土地少。我国国土面积约为960万平方公里，位居世界第三。但适宜工业化城镇化开发的面积有180余万平方公里，不足全部国土面积的1/5，加上需要扣除的必须保护的耕地和已有建设用地后，可开发建设的用地只有28万平方公里。

二是能源、矿产资源丰富，但总体紧缺。一方面，我国石油等化石能源和铁矿等战略性矿产资源的人均占有量远低于世界平均水平，资源紧缺风险将制约我国实现社会主义现代化；另一方面，开发与环境保护难以均

衡，主要是因为我国的能源、矿产等资源的分布地主要集中在生态脆弱或生态功能重要的地区，开发面临着生态难题。

三是水资源总量多，但不均衡、结构性问题突出。一方面，水资源空间分布不均，南方地区水资源量占全国的81%，北方地区仅占19%；另一方面，一些南方水资源重复的地区因为水生态环境持续恶化，水质型缺水问题显现。

四是生态类型多样，但生态环境比较脆弱。我国拥有丰富的生态系统，包括森林、湿地、草原、荒漠、海洋等。但生态环境较为脆弱，主要表现在生态环境的承载力和环境容量都比较小，我国陆地国土空间一半以上属于中度以上生态脆弱区域，其中极度脆弱区域占比接近10%。

三、发展面临的问题与挑战

一是人民生活水平持续提升，区域发展的不均衡不充分难以满足人民生产、生活的需要。当时，我国处于人口稳固增长和居民消费阶段持续升级的阶段，对改善居住等生活空间和农产品等消费品的量与质提出了新的要求。为保证我国粮食安全，确保中国人的饭碗端在自己手上，中央对耕地保护提出了更高要求，即要坚持18亿亩的耕地红线不动摇。

二是资源过度开发，保护和扩大绿色生态空间面临挑战。一方面，部分地区粗放式、无节制的过度开发，导致水资源匮乏、能源供应不足、绿色空间锐减、产业不可持续等问题逐渐凸显；另一方面，部分地区肆意开发超过资源环境的承载能力，导致森林锐减、湿地建设、水土流失、沙漠化、石漠化等问题接踵而至，气象、地质和海洋灾害频发。此外，资源分布不均导致大规模调水、运煤、送电、输气工程压力增大，交通拥堵、地表沉降、大气污染、水质变差等问题凸显。我国仍是发展中国家，需要在经济发展与环境保护找到均衡点，这就需要调整开发模式，在发展的同时扩大绿色生态空间，增强固碳能力。

三是多极化的经济增长方式显现，满足产业发展空间需求面临挑战。经济多极化的趋势不断显现，区域协调发展的诉求对产业发展空间的优化提出了更高要求。一方面，率先发展起来的东部沿海地区面临产业承载能力逐渐饱和的问题，经济增长极向中西部地区转移成为必然，这些适宜开发的中西部地区的产业和城市建设空间将持续被扩大；另一方面，要求优化产业空间结构，提高空间利用效率。当时，工矿建设和开发区占地面积大且分散，导致城市建设空间和工矿建设空间单位面积的产出较低，"亩均效益"提升是东部地区应对资源环境能力饱和进一步发展产业的落脚点。

四是随着城镇化进程不断加速,城乡建设在空间结构方面存在挑战。当时,由于城镇化进程加速,大量农村人口进入城市安家、工作。一方面,原有的城市建设空间已经不能满足实际的需要,需要持续扩大城市的建设空间,构建新的城市布局,加强公共服务基础设施,提升城市服务水平;另一方面,农村人口锐减导致农村用地出现闲置、荒废的问题,城乡空间结构矛盾问题显现。

五是基础设施建设加快布局建设,均衡、高效地推动基础设施建设面临挑战。一方面,人口分布与经济布局失衡,导致城乡基础设施不均衡问题凸显;另一方面,我国公路、铁路、地铁、输电、输油、水利工程等基础设施尚处于继续发展阶段,基础设施建设推进与耕地、绿色生态空间保护矛盾显现。

正是在我国经济社会发展既要满足人口持续增长、居民消费不断升级、经济高速增长、工业化城镇化不断提速、基础设施建设稳步实施等对国土空间的巨大需求,又要保证粮食安全而紧守耕地18亿亩红线;另外,还要持续保障生态安全和人民身体健康,为积极应对水资源短缺、大气污染、环境恶化等问题,保护并扩大绿色生态空间这两难的挑战下,提出了《全国主体功能区规划》这一国家战略。

第二节 产业政策的着力点

《全国主体功能区规划》是在统筹全局的角度,以利用政府管控的方法来实现国土空间保护与合理利用为宗旨,采用地理综合区划的方法,结合资源环境承载、现有开发密度和发展潜力,以区县行政单元为最小单位,明确各区县在全国不同空间尺度中开发和保护的主体功能定位,是对未来国土空间合理开发利用和环境保护整治格局的总体性、一揽子蓝图的设计、规划。

从主体功能区分类来看,《全国主体功能区规划》从两个角度对主体功能区进行了分类。(1)根据区域的资源环境承载能力、现有开发强度和未来发展潜力,以是否适宜大规模高强度工业化城镇化开发为基准,分为优化开发区域、重点开发区域、限制开发区域和禁止开发区域。(2)以提供主体产品的类型为基准,分为城市化地区、农产品主产区和重点生态功

第九章 产业政策案例分析之二：主体功能区战略

能区。

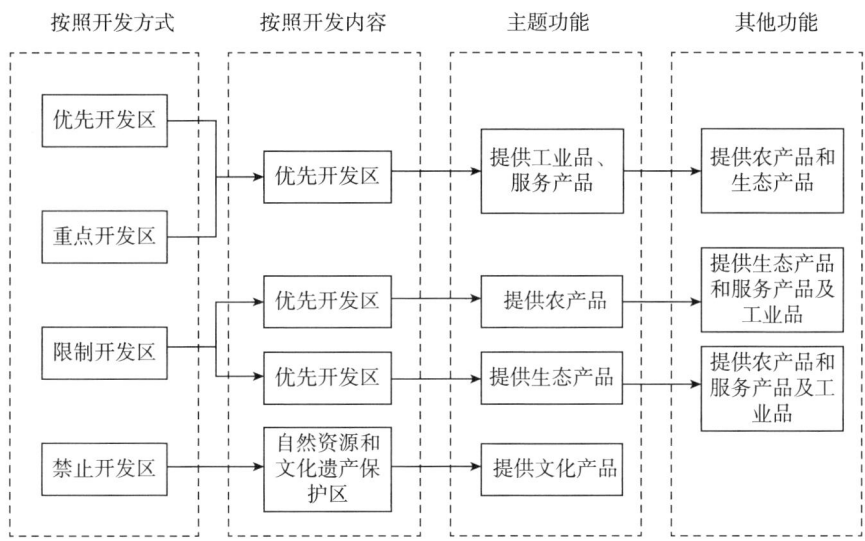

图 9-1 主体功能区分类及其功能

从《全国主体功能区规划》的核心内容来看，构建了以"两横三纵"为主体的城市化格局、以"七区二十三带"为主体的农业格局、以"两屏三带"为主体的生态安全格局的"三大战略格局"。以及形成了优化、重点、限制和禁止"四类主体功能区域"。

表 9-1 全国国土空间开发三大战略格局

类型	格局	内容
城市建设	"两横三纵"	以陆桥通道、沿长江通道为两条横轴，以沿海、京哈京广、包昆通道为三条纵轴，以国家优化开发和重点开发的城市化地区为主要支撑，以轴线上其他城市化地区为重要组成的城市化战略格局
农业发展	"七区二十三带"	以东北平原、黄淮海平原、长江流域、汾渭平原、河套灌区、华南和甘肃新疆等农产品主产区为主体，以基本农田为基础，以其他农业地区为重要组成的农业战略格局
生态安全	"两屏三带"	以青藏高原生态屏障、黄土高原—川滇生态屏障、东北森林带、北方防沙带和南方丘陵山地带，以及大江大河重要水系为骨架，以其他国家重点生态功能区为重要支撑，以点状分布的国家禁止开发区域为重要组成的生态安全战略格局

从规划内涵来看，主体功能区战略规划中的两个核心内涵是发展模式的区域差异化和不同区域的发展成果公平共享。其中，区域差异化体现在规划中针对不同区域采用了不同的产业政策、土地政策、财政政策和投融资政策等着力点和作用方式。发展成果公平贡献主要体现在针对限制开发区和禁止开发区，通过实施财政转移支付和碳排放交易政策等方式，鼓励和扶持限制开发区特色经济和生态经济的发展，这使各功能区居民的基本公共服务水平、生活水平实现大体的均衡。

从规划实施的保障来看，"9+1"的政策体系已构建完成。"9"是财政政策、投资政策、产业政策、土地政策、农业政策、人口政策、民族政策、环境政策、应对气候变化政策。"1"是绩效评价考核。"9+1"政策体系呈现三个特征，一是差别化的政策，即一区一策，不同地区实施不同的产业政策；二是缩小了政策单元，从4个政策单元变成了53个政策单元；三是根据改革的大方向和改革的精神来制定，即考虑了未来改革的方向，充分体现与时俱进、深化改革。

第三节 主体功能区战略的成功经验

第一，推进我国经济结构战略性调整，结合区域特征，充分发挥各区域资源禀赋优势，加快经济发展方式的转变，推动经济实现高质量发展。一国的空间结构在一定程度上决定着发展方式及资源配置效率，面对空间结构新问题新挑战，转变传统空间开发模式、调整不合理空间结构，是解决空间结构不合理、不均衡、不高效的重要抓手。各地资源要素种类不同、丰富程度不同，环境对产业的承载能力不同，决定了有些地方区域适宜发展的产业不同。落实主体功能区战略，将引导各地立足自身的资源禀赋构建特有产业结构，进而使产业区域分工更加符合我国长远发展的需要。

第二，将以人民为中心的发展理念贯彻到推进区域协调发展中，不断缩小区域间的基本公共服务水平和生活质量的差距，从而共享发展成果。中国作为一个大国，区域发展不平衡问题一直存在。主体功能区战略提出的区域协调发展，不是平均主义，即不是经济总量平均分布，而是从全面建设小康社会和全面脱贫的角度出发，通过财政制度，创新转移支付的方式，实现公共服务均等化、生活水平大体相当。

第三，突出资源、环境和生态保护的重要性，坚持人与自然和谐相处、发展的理念，坚持科学发展观，实现绿色可持续发展。区域快速发展与环境承载能力有限的矛盾是现阶段我国经济社会发展过程中产生的突出矛盾之一。因此，要结合区域资源要素现状，引导劳动力、产业等向适宜开发的地区集聚，为推动农业发展和生态安全腾出更多的有利空间，从而促进人口、经济、环境均衡可持续发展，稳固人与自然的关系。

第四，实施了更有针对性的区域政策和绩效考核评价体系，实现社会治理现代化。我国地势辽阔，人口众多，各区域在资源禀赋、发展程度上存在较大差异，国家应根据要素资源、生态环境的特点分类指导，以实现对区域经济发展的调控。

第五，推动形成良性互动的区际关系，推动各地区共容协调发展。我国既存在京津冀、粤港澳、长三角等发达地区出现了部分资源环境承载能力不足、需要优化开发的区域，同时也存在资源丰富但发展不充分的区域。主体功能区战略有助于经济社会发展空间分布的合理化、产业发展空间的高效化，有利于推动各地区在良性互动中实现共同进步协同发展，进一步形成人口、经济、社会、环境等协调发展新格局。

第四节　全国主体功能区战略制定启示

一、政策要与时俱进，概念要统一认识

与时俱进，就是要不断更新产业发展理念，要理顺产业发展与诸多要素之间的关系。产业合理布局的核心理念就是要适用未来政治民主化、经济市场化、社会法治化等经济社会生活多方面的发展趋势。各级政府在落实主体功能区战略时也必须与时俱进，要随着经济社会的发展适时做出调整。

统一认识，就是要准确界定相关核心概念，要辨析开发与发展的内涵。在推动主体功能区战略时，部分地方政府和社会公众容易混淆"限制开发"和"限制发展"的关系，进而存在抵触情绪。在产业政策制定的过程中，要科学界定政策中涉及的核心词的概念和关键术语，方便各地在落实中央政策时统一观点、统一思想、统一认识。

二、政策间要协调、衔接，不断完善政策体系

加强与相关政策协调与衔接，是顺利落实主体功能区战略的关键。各

类空间规划、产业政策在生态环保、促进国土空间和提高国土资源集约利用率，促进社会经济全面、协调、可持续发展等方面具有共同的目标。在制定其他产业政策的过程中，也要充分借鉴主体功能区战略的经验。一是要加强产业政策与空间性规划、基础设施、生态环保等各领域专项规划之间的协调，依据战略性、基础性和约束性规划的要求来调整和编制各类专项规划和政策。二是制定省市区县具体政策时，要突出与上一级产业政策的衔接，即在服从上一级产业政策的基本原则和方向的基础上，结合当地实际情况对产业政策进行一定的创新和探索，体现地方的特色。各级产业政策制定后，需要进一步完善和调整现有的规划体系，即在对已有相关规划修编和新规划编制时，逐步增加体现产业政策的内容和要素，加快形成与产业政策实施相适应和配套的规划体系。

三、改进政策落实方式，注重沟通协调

沟通协调机制是保障主体功能区正常运行的重要举措。制定政策、编制规划，需要重视公众参与。在政策和规划编制过程中，要充分听取不同利益者的建议与意见，要使其参与政策制定、实施、落实和管理全过程。要重视与国务院各有关部门和地方政府凝聚共识，在政界、学术界和民间形成一定的话语体系，高效地推动政策落实落地。要建立直接、高效的反馈协调机制，在实施政策中不断发现新问题新形势，及时完善政策。

四、注重区域发展特性，实施差别化管制

全国主体功能区战略将我国分为四类功能区，在保持区域发展的特性和多样性的基础上，不断扩大国土空间。在产业政策的制定过程中，需要保持产业的多样性，避免单纯的一刀切。要因地制宜地调动地方经济发展活力，要合理科学保障地方经济发展动力，提高产业政策对地方经济社会环境的支持力。在具体操作上要注重发扬区域特性，实施区域差别化管制。实施主体功能区战略中提出的四类功能区在理念上清晰，但是落到具体空间就会出现重叠。产业政策是统领性政策，要做到宏观具有统筹性、微观具有针对性，各地在细化落实的时候，需要结合各地发展差异、地域特征，提高政策落实的准确性和精准性。

五、静态与动态相结合，不断优化考核指标

主体功能区战略具有科学的绩效考核评价体系和反馈机制。在产业政

策制定的过程中,同样需要围绕产业政策的目标、监管、考评建立相应的指标体系。科学的指标体系不是要求大而全、精确且准确,而是注重指标体系的简明和通用,突出指标的导向作用,确保统计数据的连续性和稳定性。同时,指标体系要动静结合。对于国家统筹的指标体系应该更加强调统一,强调一致性,或仅在个别指标留有一定的弹性空间。在省市县等各级指标体系需要在满足上一级指标的基础上,结合各地的特征和区别,选择建立适应本地实际的指标体系及其阈值标准。同时,随着政策落实的阶段不同,应实时调整对应不同指标的动态阈值或标准。

第十章 实证分析：产业政策对制造业的影响

第一节 模型设定

为验证产业政策对产业发展特别是制造业发展的作用，我们构建了如下计量模型：

$$indqua_{it}=\beta_0+\beta_1 policy_{it}+\beta_2 \ln export_{it}+\beta_3 \ln consum_{it}+\beta_4 \ln fdi_{it}+\delta_i+\varepsilon_{it}$$

其中，$indqua_{it}$ 表示 i 地区 t 时期的制造业发展质量，反映了一个地区在某一时期的制造业发展质量。$policy_{it}$ 表示 i 地区 t 时期所实施的产业政策，$\ln export_{it}$ 表示 i 地区 t 时期的出口情况，$\ln consum_{it}$ 表示 i 地区 t 时期的消费情况，$\ln fdi_{it}$ 表示 i 地区 t 时期的实际外商直接投资情况，δ_i 表示地区固定效应，ε_{it} 表示误差项。

第二节 变量说明和数据来源

一、被解释变量

制造业发展质量指标 $indqua_{it}$ 为被解释变量，主要从经济效益、创新驱动视角来衡量，分别包括企业利润率（profitrate）、研发强度（rdintension）和新产品收入率（newprorate）等指标。其中，企业利润率使用规上工业企业利润总额/主营业务收入来表示，研发强度使用规上工业企业 R&D 经费支出/主营业务收入来表示，新产品收入率使用规上工业企业新产品收入/主营业务收入来表示。

二、核心解释变量

本文核心解释变量是制造业产业政策（policy）。在我国，产业政策主要以行政规章文件的形式出现。我们借鉴韩永辉等（2017）的做法，通过有关制造业的规章文件数量来度量制造业产业政策的力度，这些产业政策主要包括涉及特定产业发展、税收优惠、土地管控、环境保护、区域发展、人才发展、基础设施建设等。

三、控制变量

出口指标（lnexport）使用地区出口额与 GDP 之比来表示，反映国外市场需求对当地制造业发展的影响；外商直接投资指标（lnfdi）使用地区外商直接投资额与 GDP 之比来表示；消费指标（lnconsum）使用社会消费品零售额与 GDP 之比来表示。此外，我们还在回归分析中控制了地区固定效应，从而尽可能地缓解遗漏变量偏误。

四、数据来源

本研究的样本数据主要来源于 2005—2018 年的地区层面数据。其中，出口额、GDP、人均 GDP、外商直接投资额、社会消费品零售额、规上工业企业主营业务收入、规上工业企业利润总额等数据主要来源于《中国统计年鉴》；规上工业企业 R&D 经费支出、规上工业企业新产品收入主要来源于《中国科技统计年鉴》。制造业产业政策主要来自北大法宝数据库，通过对各地区产业政策的筛选与处理，得到各地区 2005—2018 年历年出台的与制造业发展相关的地方政府规章及文件数量。

第三节　实证结果分析

表 10-1 报告了地区产业政策对工业企业利润率、工业企业研发强度和工业企业新产品开发率影响效应的检验结果。首先，在第（1）~（3）列结果中，可决系数均大于 0.5，这说明上述解释变量基本能够解释被解释变量。其次，第（1）列结果显示，在控制一系列其他变量以及地区固定效应的条件下，产业政策对工业企业利润率的回归系数在 1% 的显著性水平下显著为正，其值为 0.098，这说明地方政府实施产业政策能够显著提升工业企业的利润率。再次，第（2）列结果显示，在控制一系列其他变量以及地区固定效应的条件下，产业政策对工业企业研发强度的回归系数在 1% 的显著性水平下显著为正，其值为 0.079，这说明地方政府实施产业政策有助于提升工业企业的研发水平。最后，第（3）列结果显示，在

控制一系列其他变量以及地区固定效应的条件下,产业政策对工业企业新产品开发率的回归系数在 0.5% 的显著性水平下显著为正,其值为 0.081,这说明地方政府实施产业政策还有助于提升工业企业的新产品开发水平。总之,上述一系列检验结果从不同角度证明产业政策有助于提升企业的创新能力和利润水平。

表 10-1 基准回归结果

	(1) 企业利润率	(2) 研发强度	(3) 新产品收入率
产业政策	0.098**	0.079**	0.081***
	(2.90)	(2.62)	(3.40)
外商直接投资指标	0.025	−0.087**	0.011
	(0.28)	(−2.60)	(0.24)
出口指标	0.342*	−0.213*	−0.038
	(2.52)	(−2.44)	(−0.48)
消费指标	−0.467***	0.498***	0.232***
	(−4.34)	(5.36)	(4.32)
N	420	420	420
adj. R^2	0.525	0.654	0.743

注:***、**、*分别表示 0.1%、1%、5%(双尾)的统计显著性水平。括号内的数值为 t 统计量。

表 10-2 报告了在加入地区产业政策和人均 GDP 的交互项之后的检验结果。第 (1) 和 (3) 列结果显示,在控制一系列其他变量以及地区固定效应的前提下,产业政策和人均 GDP 的交互项回归系数也为正但并不显著。第 (2) 列结果则显示,在控制一系列其他变量以及地区固定效应的前提下,产业政策和人均 GDP 的交互项回归系数在 1% 的显著性水平下显著为正,其值为 1.128,这说明较高的发展水平更有利于发挥产业政策对工业企业研发水平的促进作用。

表 10-2 加入交互项的回归结果

	(1) 企业利润率	(2) 研发强度	(3) 新产品收入率
产业政策	−0.703	−1.076*	−0.304
	(−1.17)	(−2.48)	(−0.65)
产业政策×lnpgdp	0.812	1.128**	0.386
	(1.36)	(2.61)	(0.84)

续表

	（1）企业利润率	（2）研发强度	（3）新产品收入率
lnpgdp	-0.051	0.463***	0.023
	(-0.83)	(9.66)	(0.50)
外商直接投资指标	0.023	-0.024	0.016
	(0.26)	(-0.75)	(0.36)
出口指标	0.350*	-0.253**	-0.039
	(2.56)	(-3.19)	(-0.48)
消费指标	-0.448***	0.240***	0.215***
	(-3.70)	(4.29)	(3.55)
N	420	420	420
adj. R^2	0.525	0.761	0.743

注：***、**、*分别表示0.1%、1%、5%（双尾）的统计显著性水平。括号内的数值为t统计量。

表10-3针对东部地区的样本进行了回归。首先，第（1）列结果显示，在控制一系列其他变量以及地区固定效应的条件下，产业政策对工业企业利润率的回归系数在1%的显著性水平下显著为正，其值为0.155，这说明产业政策对东部地区的工业企业利润率的促进作用高于全国平均水平。其次，第（2）列结果显示，在控制一系列其他变量以及地区固定效应的条件下，产业政策对工业企业研发强度的回归系数在5%的显著性水平下显著为正，其值为0.087，这说明产业政策对东部地区的工业企业研发强度的促进作用也要高于全国平均水平。最后，第（3）列结果显示，在控制一系列其他变量以及地区固定效应的条件下，产业政策对工业企业新产品开发率的回归系数在0.5%的显著性水平下显著为正，其值为0.140，这说明产业政策对东部地区的工业企业新产品开发率的促进作用也要高于全国平均水平。总之，上述检验结果从不同角度证明产业政策在东部地区的效果要好于全国平均水平。

表10-3 东部地区的回归结果

	（1）企业利润率	（2）研发强度	（3）新产品收入率
产业政策	0.155**	0.087*	0.140***
	(2.80)	(2.34)	(3.46)
外商直接投资指标	-0.178***	-0.109*	-0.073**
	(-3.91)	(-2.29)	(-2.63)

续表

	（1）企业利润率	（2）研发强度	（3）新产品收入率
出口指标	0.654 (1.96)	-0.432* (-2.04)	0.221 (1.38)
消费指标	-0.348* (-2.25)	0.303** (2.70)	0.246** (2.65)
N	182	182	182
adj. R^2	0.487	0.632	0.684

注：***、**、*分别表示0.1%、1%、5%（双尾）的统计显著性水平。括号内的数值为 t 统计量。

表10-4针对中部地区和西部地区的样本进行了回归。可以发现，在第（1）~（3）列结果中，在控制一系列其他变量以及地区固定效应的条件下，产业政策对工业企业利润率、工业企业研发强度、工业企业新产品开发率的回归系数均为正，但都不显著，这说明在中西部地区，产业政策对工业企业利润率、工业企业研发强度、工业企业新产品开发率的促进作用尚有待发挥。

表10-4　中部地区和西部地区的回归结果

	（1）企业利润率	（2）研发强度	（3）新产品收入率
产业政策	0.053 (1.40)	0.055 (1.18)	0.049 (1.50)
外商直接投资指标	0.399*** (3.64)	0.052 (0.70)	0.168 (1.27)
出口指标	0.144 (1.87)	-0.118 (-1.96)	-0.134* (-2.15)
消费指标	-0.600*** (-5.93)	0.731*** (8.49)	0.316*** (3.99)
N	238	238	238
adj. R^2	0.613	0.665	0.726

注：***、**、*分别表示0.1%、1%、5%（双尾）的统计显著性水平。括号内的数值为 t 统计量。

第十一章 产业政策顺利转型的保障措施

我国产业发展正处于转型升级、提质增效的关键时刻，新老问题的解决尚需要持续性强、操作性强的政策保驾护航，完全依靠市场自发配置资源不具备可行性。近年来，随着土地、劳动力等生产要素价格快速上升和资源环境约束不断加剧，传统比较优势逐渐削弱，新的比较优势尚未形成，我国产业到了必须加快转型升级、提质增效的重要关口。当前，我国正处于比较优势转换的关键时期，应加快培育高级生产要素，充分发挥高级生产要素在制造业转型升级中的主导作用。

第一节 根据形势变化需要制定中长期产业政策纲要

我国应着眼于新一轮科技革命演进态势，助力加快发展现代产业体系，推动经济体系优化升级，强化产业政策的顶层设计和战略性规划，统筹、完善现有的各类产业政策。避免产业政策过于泛化，建议严格按照产业组织政策、产业技术政策、产业结构政策、产业布局政策四个维度分门别类制定政策。设定框架性、约束性条件，探索产业政策出台前的审查制度，协调好产业政策和竞争政策的关系。

第二节 创新产业政策机制

一是实施国家产业政策制定审议、实施监督和效果评估机制，厘清产业政策制定、实施主体权力边界，严格审议新产业政策内容及应用评估。二是严格对产业政策内容的前瞻性和实施效果的评估，加强对新产业政策将引发的市场连锁反应的预判，优化传统产业政策内容的合理退出。三是对于无法适应经济活动发展的产业政策内容及已达成既定实施目标的产业政策应及时进行调整，合理避免政策离场对市场主体的冲击，制定产业政策矛盾冲突内容的协调规则。

第三节 规范政府行政干预

一是构建政府、市场共同参与的产业发展政策机制,从源头上把控产业政策制定、实施、评价、退出等全流程的责任主体不规范行为,引导公众参与社会监督,以激活市场主体创新动力,提高产业政策实施效果。二是加速推进产业政策法制化建设,完善法律法规,加强产业政策制定、实施的行为合法性和规范性。三是提高产业政策法制化水平,为产业政策的稳定性和权威性提供法律保障,增强相关责任主体的法律意识和加强行为规范。四是强化产业政策制定的前瞻性,实现产业政策实施效果、评价监督的全程有效监控,以实现产业发展的可持续性增益。五是强化知识产权制度、负面清单制度、公平竞争审查等具体产业政策法律设计,使市场经济活动能够在规范的法律秩序下运行。

第四节 资金支持

发挥中央财政资金对产业转型升级的促进作用。重点支持制造业智能化的软硬件建设,支持智能工厂示范、软件集成开发、生产性服务业发展以及先进制造业、新兴产业的关键技术创新;政府采购优先购买与国外产品性能相同或相近的国产产品,对国内重点创新的产品采用强制性采购比例,使政府支持产业发展的财政资金更具有针对性;从调整产业结构的长远角度考虑,对于中西部地区基础和条件好的重大项目,应该区别对待,按照"有保有压、有扶有控"的总体原则予以支持。

设立民营银行。一是健全现代银行业体系,扶持股份制城市商业银行发展,鼓励设立民营银行。二是重点发展新型民间金融机构。在风险可控的情况下,鼓励和支持民间资金依法发起设立或参股村镇银行、农村资金互助社等新型金融组织。三是加强信息披露的监管约束。推动民营银行及时、完整、有效披露信息。

大力发展产业转型升级所需的金融服务。例如,通过履约担保的方式降低业务风险,鼓励企业以多种方式开展先进技术设备融资租赁业务;支持有条件的制造业企业进行直接融资,通过主板、创业板、中小企业板乃至境外上市进行融资;通过发行公司债、可转换公司债、企业债和小微企业增信集合债来募集产业整合所需资金;充分释放先进制造产业投资基金的融资放大效应,积极吸引社会资本投入国家战略重点领域。

第五节 人才保障

一是优化高校学科设置,培养一批理工科人才和工程师。优化课程设置,保障课程的前瞻性,即要反映基础前沿和关键共性技术应用;建立科学合理的学科评价机制,加大学生毕业后跟踪的社会评价的权重,避免教学督导流于形式。

二是改变"重学历、轻技能"的用人导向。健全职业技能人才培养体系,通过3~5年的努力,面向中低端劳动力普及职业技能培训。不断提升高等职业技术学院在群众、院校体系中的地位。创新职业教育培养模式,在企业中推广"名师带徒"制度,通过政府补贴、企业投入、院校参与、劳动者参加的多方互动格局,促进技术工人成才。

三是进一步完善人才激励政策。改变"重设备不重人才"的研发管理体制,将资源更多地向激励人才创新的方向倾斜,推动建立科研机构、高校和企业人才的双向流动机制。激活体制内人才存量,激发体制内科研人才参与市场化运作的积极性。例如,大量军工科研院所是事业编制,虽然拥有雄厚的科研实力,但是在技术成果转化、人才激励等方面受体制的束缚,对人力资源的利用极大浪费。通过搭建"事业—企业"平台,让体制内人才价值得到市场的认可。探索科技成果有效转化机制,落实将财政资金支持形成的科技成果的使用权、处置权和收益权下放给项目承担单位的政策,提高科研人员成果转化收益比例。

第六节 产权保护

一是建立健全符合我国实际国情的知识产权保护制度。鼓励地方、企业、院校等多方在科技成果转化机制创新方向进行积极探索和大胆实践,充分激发市场活力;从严从紧打击知识产权侵权行为,不断提高不法分子的侵权成本,并将侵权行为信息纳入社会信用记录;深化专利审批制度改革,缩短专利审核周期,减少收入,提高创新的积极性。

二是加快建立知识产权维权体系。完善知识产权海关保护制度,借助海关力量打击海外侵权;针对海外知识产权争端应诉"单兵作战"的问题，建议设立行业协会牵头成立海外知识产权纠纷应诉基金，形成对外合力，增强企业海外应诉的能力；针对互联网侵权缺乏相关法律依据的现状，建议构建行政管理部门、司法部门、大型互联网平台机构的深度合作机制，实现行政和司法力量在网络空间中对知识产权的有效保护；探索建立知识产权法院。

第七节 科技支撑

一是搭建科技服务公共平台。加快共性技术研发中心等创新平台建设，推动产业关键技术和共性技术的推广与应用；积极发展科技服务机构，强化科技基础平台的支撑功能，搭建科技文献服务平台、政策资料信息服务平台、科技数据服务平台以及大型科研设备共享平台；建立科技成果转化基地，推进创新创业服务中心建设，加速科技成果产业化应用。

二是培育创新型企业。进一步明确企业的创新主体地位，以突破关键和共性技术为重点，整合资源，大力支持企业研发中心建设，鼓励企业提升装备水平，改善科研仪器设备；落实研发费用税前加计扣除、固定资产加速折旧、引进技术设备免征关税、重大技术装备进口关键原材料和零部件免征关税及进口环节增值税、企业购置机器设备抵扣增值税等相关税收政策，制定完善实施细则，简化申报审批程序。

三是健全产学研合作机制。围绕高端装备制造、新能源等重点产业，鼓励企业与国内外高校和科研院所联合建立工程技术研究中心、院士工作站、博士后工作站等，形成优势互补、风险共担、利益共享的合作机制；利用产学研机制促进人才培养。建议设立大学生实习基地，企业、高校共建人才训练基地，鼓励企业高级技术人员到高校相关学科系所担任兼职导师。

第八节 价格调整

一些地方转型升级进程不尽如人意的关键原因是"要素价格依赖"，要素市场价格被人为扭曲，税收优惠、零地价等扭曲市场要素价格行为在一定程度上拖延了转型升级的进程，减弱了转型升级中要素价格倒逼的力度。

一是建立由市场决定要素价格的机制。促使企业从依靠过度消耗资源能源、低成本竞争,向依靠创新、差别化竞争转变。着重遏制廉价供地、税收减免、低价配置资源等招商引资方式。完善工业用地市场化机制,确保经济效益、社会效益、生态效益相统一。

二是加快推进资源税改革。首先是改变"前端低成本""终端低价格"的非正常现状,加快水、石油、天然气、电力、矿产等资源性产品价格改革(如有序放开上网电价、择机放开成品油价格等措施),形成相对合理的初级资源产品和制成品比价关系,合理补偿环境损害成本,理顺资源产品上下游价格调整联动机制。其次是改变"多种定价方式并存"的非正常现状。煤、电价格定价双轨制格局导致价格信号严重扭曲,因此应加快推进煤、电价格联动机制。

第十二章 结论

1. 中国需要产业政策。"产业政策"概念本身没有好坏之分,关键是如何科学制定合理的产业政策,让市场、政府双轮驱动去促进经济发展。要避免市场调节与政府管理出现"互斥"关系。即防止出现市场调节不了,政府没有关注,企业盲目追逐利润的状况。我国尚处于工业化中后期阶段,从国际经验看,产业政策应同时具备管理和引导双重功能。产业政策该管的地方要管好,绝不手软,如产品质量、排放标准制定等,该引导的要做好引导工作而不是直接干预,如发布行业未来发展趋势走势信息等。

2. 当前,在经济再平衡背景下,产业政策与经济发展不相适应的矛盾开始凸显,产业政策亟须与时俱进,不断优化。推动产业政策转型成为主动适应、把握和引领经济发展新常态的题中之义。产业政策转型升级要处理好长期与短期、管制与引导、虚拟和实体、转型和升级的关系。在处理好关系的同时,产业政策转型要找准着力点。关键是要做好加、减、乘、除四个维度的整合,主要从增加产业政策的功能性、削减短期色彩较浓的产业政策、发挥政策评估和监督的乘数效应和做好产业政策的分类四个维度发力做好产业政策。

3. 我国产业发展正处于转型升级、提质增效的关键时刻,新老问题的解决需要持续性强、操作性强的政策保驾护航,完全依靠市场自发配置资源不具备可行性。我国正处于比较优势转换的关键时期,应加快培育高级生产要素,充分发挥高级生产要素在产业政策升级中的主导作用。一是根据形势变化需要制定中长期产业政策纲要。强化产业政策的顶层设计和战略性规划,统筹、完善现有的各类产业政策,严格按照产业组织政策、产业技术政策、产业结构政策、产业布局政策四个维度分门别类制定政策。二是创新产业政策机制。实施国家产业政策制定审议、实施监督和效果评估机制,提高对产业政策内容的前瞻性和实施效果的评估,对于无法适应经济活动发展的产业政策内容及已达成既定实施目标的产业政策应及时进行调整。三是规范政府行政干预。构建政府、市场共同参与的产业发展政策机制，加速推进产业政策法制化建设，提高产业政策法制化水平，实现产业政策实施效果、评价监督的全程有效监控，强化知识产权制度、负面清单制度、公平竞争审查等具体产业政策法律设计。四是要加大资金支持力度，发挥中央财政资金对产业转型升级的促进作用，健全现代银行业体系，扶持股份制城市商业银行发展，鼓励设立民营银行，大力发展产业转型升级所需的金融服务。五是增强人才保障，优化高校学科设置，培养一批理工科人才和工程师，改变"重学历、轻技能"的用人导向，以及"重设备不重人才"的研发管理体制，将资源更多向激励人才创新的方向倾斜，推动建立科研机构、高校和企业人才的双向流动机制。六是加强产权保护，建立健全符合我国实际国情的知识产权保护制度，加快建立知识产权维权体系。七是强化科技支撑，加快共性技术研发中心等创新平台建设，推动产业关键技术和共性技术的推广与应用；积极培育创新型企业；健全产学研合作机制。八是加强价格调整，建立由市场决定要素价格的机制，加快推进资源税改革。

参考文献

[1] 蔡之兵. 空间经济学视角下的产业政策研究 [J]. 经济学家, 2017, 9 (9): 20-26.

[2] 陈建安. 产业政策的有效性: 来自日本的实证 [J]. 现代日本经济, 2019 (1): 1-8.

[3] 陈钊, 熊瑞祥. 比较优势与产业政策效果——来自出口加工区准实验的证据 [J]. 管理世界, 2015 (8): 67-80.

[4] 戴晨, 刘怡. 税收优惠与财政补贴对企业 R&D 影响的比较分析 [J]. 经济科学, 2008 (3): 60-73.

[5] 邓仲良, 张可云. 产业政策有效性分析框架与中国实践 [J]. 中国流通经济, 2017 (10).

[6] 顾昕, 张建君. 挑选赢家还是提供服务?——产业政策的制度基础与施政选择 [J]. 经济社会体制比较, 2014 (1): 231-241.

[7] 韩永辉, 黄亮雄, 王贤彬. 产业政策推动地方产业结构升级了吗?——基于发展型地方政府的理论解释与实证检验 [J]. 经济研究, 2017, 52 (8): 33-48.

[8] 江飞涛. 中国竞争政策"十三五"回顾与"十四五"展望——兼论产业政策与竞争政策的协同 [J]. 财经问题研究: 2021 (3): 1-18.

[9] 江鸿, 贺俊. 美国结构性产业政策的变革走向与中国应对 [J]. 中州学刊, 2020 (10): 32-39.

[10] 江小涓. 经济转轨时期的产业政策 [M]. 上海: 上海三联书店, 1996.

[11] 瞿宛文. 超赶共识监督下的中国产业政策模式——以汽车产业为例 [J]. 经济学 (季刊), 2009, 8 (1): 501-532.

[12] 雷根强, 孙红莉. 产业政策、税收优惠与企业技术创新——基于我国"十大产业振兴规划"自然实验的经验研究 [J]. 税务研究, 2019 (8).

［13］黎文靖，郑曼妮．空气污染的治理机制及其作用效果——来自地级市的经验数据［J］．中国工业经济，2016（4）：93-109．

［14］李广子，刘力．产业政策与信贷资金配置效率［J］．金融研究，2020（5）．

［15］李慧敏，王忠．产业政策与竞争政策能否协调——日本产业政策与竞争政策协调机制及其启示［J］．日本学刊，2019（2）．

［16］李晓萍，杨鸿禧．产业政策实施效果的实证研究：述评与展望［J］．财经问题研究，2021（3）：28-37．

［17］李永，刘鹃．入世后我国产业政策有效性的CGE分析［J］．国际贸易问题，2004（5）：25-29．

［18］林毅夫．新结构经济学［M］．北京：北京大学出版社，2012．

［19］刘鹤，杨伟民．第七讲：产业政策的制定和实施［J］．中国计划管理，1991（7）：37-39+36．

［20］刘弘阳．我国地方政府差异性补贴的规制路径——以欧盟国家援助行政审查模式为借鉴［J］．学习与实践，2018（9）．

［21］刘守俊，蔡敏．战略性新兴产业政策的实施提高了企业全要素生产率吗？——基于双重差分模型的分析［J］．南方金融，2020，524（4）：17-27．

［22］卢君生，张顺明，朱艳阳．自主品牌汽车产业的财税激励政策研究：基于CGE模型的分析［J］．数学的实践与认识，2018，48（14）：109-119．

［23］卢现祥，尹玉婷．产业政策和产业补贴政策研究述评［J］．学术界，2020（3）．

［24］马壮，李延喜，曾伟强，等．产业政策提升资本配置效率还是破坏市场公平？［J］．科研管理，2016，37（10）：79-92．

［25］孟庆玺，尹兴强，白俊．产业政策扶持激励了企业创新吗？——基于"五年规划"变更的自然实验［J］．南方经济，2016（12）：1-25．

［26］南亮进．日本的经济发展［M］．北京：经济管理出版社，1992．

［27］宁凌，汪亮，廖泽芳．基于DEA的高技术产业政策评价研究——以广东省为例［J］．国家行政学院学报，2011（2）：99-103．

［28］邱洋冬．选择性产业政策如何影响企业绩效——来自高新技术企业资质认定的经验证据［J］．广东财经大学学报，2020（3）．

［29］邱兆林．中国产业政策有效性的实证分析——基于工业行业的

面板数据[J]. 软科学, 2015, 29 (2): 11-14.

[30] 邱兆林. 中国制造业转型升级中产业政策的绩效研究[D]. 山东大学, 2016.

[31] 沈梓鑫, 贾根良. 美国小企业创新风险投资系列计划及其产业政策——兼论军民融合对我国的启示[J]. 学习与探索, 2018 (1): 120-129.

[32] 沈梓鑫, 江飞涛. 美国产业政策的真相: 历史透视、理论探讨与现实追踪[J]. 经济社会体制比较, 2019 (6).

[33] 石奇, 孔群喜. 实施基于比较优势要素和比较优势环节的新式产业政策[J]. 中国工业经济, 2012 (12): 70-82.

[34] 舒锐. 产业政策一定有效吗?——基于工业数据的实证分析[J]. 产业经济研究, 2013.

[35] 宋凌云, 王贤彬. 重点产业政策、资源重置与产业生产率[J]. 管理世界, 2013 (12): 63-77.

[36] 宋梅, 王立杰, 张嗣超. 基于改进DEA的煤炭产业政策相对有效性分析[J]. 工业技术经济, 2007, 26 (1): 79-81.

[37] 苏东水. 产业经济学[M]. 北京: 高等教育出版社, 2002.

[38] 孙早, 席建成. 中国式产业政策的实施效果: 产业升级还是短期经济增长[J]. 中国工业经济, 2015 (7): 52-67.

[39] 唐晓华, 张欣钰, TANG, 等. 效率视角下装备制造各子行业竞争力差异性研究——基于辽宁省面板数据的实证研究[J]. 辽宁大学学报(哲学社会科学版), 2017, 142 (2): 41-50.

[40] 汪琦, 钟昌标. 美国中小制造业创新政策体系构建、运作机制及其启示[J]. 经济社会体制比较, 2018 (1): 160-169.

[41] 王桂军, 卢潇潇. "一带一路"倡议可以促进中国企业创新吗? [J]. 财经研究, 2019, 45 (1): 20-35.

[42] 王慧炯, 李泊溪. 产业政策的总体构想[J]. 管理世界, 1990 (6): 25-33.

[43] 王云平. 我国产业政策实践回顾: 差异化表现与阶段性特征[J]. 改革, 2017 (2): 46-56.

[44] 沃格尔. 日本的成功与美国的复兴: 再论日本名列第一[M]. 北京: 三联书店, 1985.

[45] 吴小节, 马美婷, 杨尔璞, 汪秀琼. 中国产业政策研究综述

[J]. 华东经济管理, 2020, 34 (5): 81-95.

[46] 小宫隆太郎. 日本的产业政策 [M]. 北京: 国际文化出版公司, 1988.

[47] 徐远华, 孙早. 产业政策激励与高技术产业的竞争力 [J]. 山西财经大学学报, 2015, 37 (9): 65-75.

[48] 杨茜淋, 张士运. 京津冀产业转移政策模拟研究——基于多区域CGE模型 [J]. 中国科技论坛, 2019 (2): 83-89, 149.

[49] 杨伟民. 建立以产业政策为中心的经济政策体系 [J]. 计划经济研究, 1993 (2): 14-19.

[50] 于潇宇, 刘小鸽. 新常态下中国产业政策的转型——日本工业化后期产业政策演变的经验启示 [J]. 现代经济探讨, 2019 (3).

[51] 俞静. 地方性国家统合主义、寻租和中国汽车产业政策失效 [J]. 公共管理评论, 2006 (2): 75-94.

[52] 张其仔, 李颢. 中国产业升级机会的甄别 [J]. 中国工业经济, 2013 (5): 44-56.

[53] 张文武, 徐嘉婕, 欧习. 产业政策激励的资源配置效率研究——基于企业异质性分解的准自然实验 [J]. 中国科技论坛, 2020, 287 (3): 24-33.

[54] 张文武, 徐嘉婕, 欧习. 产业政策激励的资源配置效率研究——基于企业异质性分解的准自然实验 [J]. 中国科技论坛, 2020 (3).

[55] 赵嘉辉. 产业政策的理论分析和效应评价 [M]. 北京: 中国经济出版社, 2013.

[56] 赵兰, 周亚利. 产业政策与企业创新绩效——以战略性新兴产业为例 [J]. 国际商务财会, 2014 (2): 86-91.

[57] 赵卿, 曾海舰. 中国式产业政策引致产能过剩吗?——基于中国工业行业面板数据的经验分析 [J]. 华中科技大学学报: 社会科学版, 2017 (3): 75-85.

[58] 周叔莲, 吕铁, 贺俊. 新时期我国高增长行业的产业政策分析 [J]. 中国工业经济, 2008 (9): 48-59.

[59] 周振华. 产业政策的经济理论系统分析 [M]. 北京: 中国人民大学出版社, 1991.

[60] Aiginger, Sieber. The Matrix Approach to Industrial Policy [J]. International Review of Applied Economics, 2006, 20 (5).

[61] Al-Jazaeri, H. What of the developmental beyond catching up? The case of South Korean microeconomics industry [M] // B. Fine et al (eds), Beyond the developmental state: Industrial policy into the Twenty-first century, Pluto Press, 2013.

[62] Amsden A. Asia's Next Giant [M]. Oxford Usa Pod, 1989.

[63] Chang, H-J. Industrial policy in East Asia: Lessons for Europe [J]. EIB papers, 2006, 11 (2): 106-132.

[64] Dervis K, J M Page. Industrial Policy in Developing Countries [J]. Journal of Comparative Economics, 1984, 8 (4).

[65] Greenwald B., Stiglitz J. E. Industrial Policies, the Creation of a Learning Society, and Economic Development [M] //Stiglitz J. E., Lin J. Y. (eds) The Industrial Policy Revolution I. International Economic Association Series. Palgrave Macmillan, London, 2013.

[66] Hatta, T. Competition on policy vs industrial policy as a growth strategy [J]. China Economic Journal, 2017, 10 (2): 162-174.

[67] Hausmann R, D. Rodrik. Doomed to choose: Industrial policy as predicament [J]. Paper prepared for the first Blue sky seminar, 2006.

[68] Helm, D. Regulatory reform, capture, and the regulatory burden [J]. Oxford review of economic policy, 2006, 22 (2): 169-185.

[69] Holcombe, R. South Korea's economic future: Industrial policy, or economic democracy? [J]. Journal of economic Behavior & organization, 2013, 88: 3-13.

[70] Jinran Chen, Lijuan Xie. Industrial policy, structural transformation and economic growth: evidence from China [J]. Frontiers of Business Research in China, 2019, 13-18.

[71] Johnson, C. MITI and the Japanese Miracle: The Growth of Industrial Policy, 1925—1975 [M]. Stanford University Press, 1982.

[72] Kiyota K, T. Okazaki. Assessing the effects of Japanese industrial policy change during the 1960s [J]. Journal of the Japanese and International Economies, 2016, 40: 31-42.

[73] Kiyota K, T. Okazaki. Foreign technology acquisition policy and firm performance in Japan, 1957—1970: Micro-aspects of industrial policy [J]. International Journal of Industrial Organization, 2005, 23 (7-8): 563-586.

[74] Kiyota K, T. Okazaki. Industrial policy cuts two ways: Evidence from cotton spinning firms in Japan, 1956—1964 [J]. Journal of Law and Economics, 2010, 53 (3): 587-609.

[75] Krugman, Paul R. Import Protection as Export Promotion: International Competition in the Presence of Oligopoly and Economics of Scale [M] // Henryk Kierzkowski, ed, Monopolistic Competition and International Trade. Oxford, Clarendon, 1984.

[76] Lawrence R Z, D E Weinstein. Trade and growth: import-led or export-led? Evidence from Japan and Korea [J]. National bureau of economic research, 1999.

[77] Lee, J. Government interventions and productivity growth [J]. Journal of Economic Growth, 1996, 1 (3): 391-414.

[78] Lee, J. The performance of industrial policy: Evidence from Korea [J]. International Economic Journal, 2011, 25 (1): 1-27.

[79] Lin J, Chang H J. Should Industrial Policy in Developing Countries Conform to Comparative Advantage or Defy it? A Debate Between Justin Lin and Ha-Joon Chang [J]. Development Policy Review, 2009, 27 (5): 483-502.

[80] Liu, E. Industrial Policies in Production Networks [J]. Quarterly Journal of Economics, 2019, 134 (4): 1883-1948.

[81] Noland M. Industrial policy, innovation policy, and Japanese competitiveness [J]. IIE Working Paper, 2007, No. 07-4.

[82] Pack, H. Industrial policy: Growth elixir or poison? [J]. World Bank Research observer, 2000, 15 (1): 47-67.

[83] Porter M, M. Sakakibara. Competition in Japan [J]. Journal of Economic Perspectives, 2004, 18 (1): 5-27.

[84] Rodrik, D. Industrial policy: Don't ask why, ask how [J]. Middle East Development Journal 2009, 1 (1): 1-20.

[85] Tao, H. Targeted Subsidy and Capital (Mis) Allocation [R]. Working Paper, 2019.

[86] Wade, R. Governing the Market: Economic Theory and the role of government in East Asian Industrialization [M]. Princeton: Princeton University Press, 2004.

[87] Warwick, K. Beyond Industrial Policy: Emerging Issues and New

Trends [J]. OECD Science, Technology and Industry Policy Papers, 2013.

[88] Weiss J. Industrial Policy in the Twenty-First Century: Challenges for the Future [M] //Pathways to Industrialization in the Twenty – First Century. 2013.

[89] Yiyun Wu, Xiwei Zhu. The determinants and effectiveness of industrial policy in China: A study based on Five-Year Plans [J]. China Economic Review, 2018 (10).